Vitali Konstantinov

ALLES GELD DER WELT

Vom Muschelgeld zur Kryptowährung

GERSTENBERG

Für die 99 %

INHALT

Kapitel 1

SCHENKEN, TAUSCHEN, KAUFEN

OHNE GELD KEINE WELT?

Money is what money does.
Seit Geld existiert, gibt es Streit darüber, was es eigentlich ist. Mittel oder Zweck? Ding oder Idee? Segen oder Teufelswerk? Es wurden eine ganze Menge verschiedenster Theorien aufgestellt. Aber irgendwie bleibt es doch ein Rätsel ...
Aber was ist Geld nun genau?
Häh?
Allein aufgrund der Tatsache, dass man für Geld etwas kaufen kann, kann man damit etwas kaufen!
Francis Amasa Walker
Ökonom, 1840–1897
Geld an sich ist wertlos. Es ist nur eine Übereinkunft zwischen Menschen, um den Gütertausch zu erleichtern.
Aristoteles
Philosoph, 384–322 v. Chr.
Es ist ein verbreiteter Irrglaube, Geld an sich sei eine Ware. Die Menschen sind lediglich übereingekommen, dem Geld einen imaginären Wert zuzuschreiben; so wurde es zum allgemein anerkannten Pfand.
John Locke
Philosoph, 1632–1704
Geld ist eine Maßeinheit für Werte. Wie Meter für Längen oder Stunden für Zeit.
Alfred Mitchell-Innes, 1864–1950
Geld ist eine Ware – mit der Funktion, austauschbar gegen andere Sachen zu sein. Eine Zwischenware im Warentausch!
Murray Rothbard
Ökonom, 1926–1995
Gott hat es in Seiner Weisheit so gerichtet, dass das Geld selbst keinen Wert hat, aber andere Werte bestimmen kann.
Abu Hamid Al-Ghazali
Gelehrter, 1055–1111
Geld ist ein Massenkommunikationsmittel!
Niklas Luhmann, Soziologe, 1927–1998
Das Geld ist spiritueller Natur. Es ist ein Produkt der kollektiven Fantasie.
Yuval Noah Harari
Historiker, *1976
Das Geld ist der Kuppler zwischen dem Bedürfnis und dem Gegenstand, zwischen dem Leben und dem Lebensmittel des Menschen.
Karl Marx
Philosoph, 1818–1883
Ohne Staat gibt es keinen Markt. Und kein Geld.
David Graeber, Ethnologe, 1961–2020
Geld muss vor dem Staat geschützt werden!
Friedrich August von Hayek
Ökonom, 1899–1992
Geld ist alles, was der Kaiser zu Geld ernennt.
Qin Shi Huang Di
Kaiser, 259–210 v. Chr.
Zahl
Maßeinheit (Währung)
1 KRONE 2012
NORGE
Monogramm des Königs
Name des Landes
Geld ist ein System des gegenseitigen Vertrauens.
Schon der Blick auf eine Münze zeigt die komplizierte Natur des Geldes: Auf dem Revers, der Münzrückseite, stehen eine Zahl und eine Maßeinheit. Auf dem Avers, der Vorderseite, stehen die Machtsymbole des Staates, der das Geld herausgibt und kontrolliert.
Geld zeugt von Misstrauen und totaler Kontrolle durch den Staat.

WERT, KOOPERATION, TAUSCH
WIE ALLES ANFING
Haben Tiere einen Sinn für Besitz?
Klaro. Das ist mein Lieblingsteddy! Rrrrrrrr.
Der Buntbarsch im Tanganjikasee sammelt bis zu 200 Schneckenhäuser auf einem Haufen, um Weibchen anzulocken. Manche Männchen klauen einfach aus fremden Sammlungen.
?!
Was ist überhaupt „Wert"? Was hat für uns einen Wert? Was bedeutet „Besitz"?
Beim Essen hört jeder Spaß auf! Meinsssssss.
Bei den Wanderratten hingegen herrscht faires Geben und Nehmen und der Austausch von Gefälligkeiten.
Warte mal! Du hast Salz abbekommen. Ich putze es weg.
Es juckt furchtbar!
Danke! Etwas Käse?
Auch Elstern, Hunde und Menschenaffen helfen einander und teilen ihr Essen manchmal sogar mit unbekannten Artgenossen. Ein Experiment mit Blauelstern belegt das.
Wenn ich mich auf diesen Hebel setze, öffnet sich die Klappe da und du kannst das Leckerli holen.
Wenn ein Schimpanse an Futter gelangt, gönnen die anderen es ihm, erwarten aber, dass er freiwillig teilt. Dann wird auch mit ihm geteilt.
Aggressionen und Konflikte bleiben allerdings nicht aus.
Du bist für immer verbannt! Komm bloß nicht zurück, sonst töten wir dich!
Schimpansen bestrafen unbequeme Gruppenmitglieder. Und sie führen sogar regelrechte Vernichtungskriege gegen andere Schimpansengruppen.

PRINZIP DER GEGENSEITIGKEIT

Unsere fernen Vorfahren mussten sich solidarisch verhalten, um zu überleben. Sie jagten gemeinsam, teilten das Essen mit Schwachen, kümmerten sich um Kinder, Alte und Verletzte. Auch moderne Jäger und Sammler pflegen bzw. pflegten noch vor Kurzem Bräuche, die das Gegenseitigkeitsprinzip und die Kooperation stärkten. Das !Kung-Volk z. B. lebt in kleinen Familiengruppen in der Wüste verstreut, manchmal bis zu 300 km voneinander entfernt. In Notzeiten können sie für eine Weile beieinander Zuflucht suchen.

HXARO-BRAUCH, SÜDAFRIKA

TAUSCH-BRAUCH BEIM BAINING-VOLK

Fast überall gibt es diese Sitte: etwas mitzubringen und Mitbringsel dankbar anzunehmen.

KULA-BRAUCH, TROBRIAND-INSELN

Jeder Trobriander hatte feste Tauschpartner auf der Nachbarinsel. Im Uhrzeigersinn gab man von Insel zu Insel Soulava, Halsketten aus roten Muscheln, gegen nützliche Dinge weiter. Gegen den Uhrzeigersinn wurden Mwali, weiße Armbänder, getauscht. Diese Schmuckstücke waren Unikate, jedes mit einer eigenen Geschichte. Sie durften nicht behalten, sondern mussten immer weitergetauscht werden.

HAUDENOSAUNEE, NORDAMERIKA

In staatenlosen Gesellschaften hatten Ansehen, Ruhm und Harmonie, das Gleichgewicht mit der Natur und in der Gesellschaft, Rituale usw. einen wesentlich höheren Wert als Besitztümer. Handel ohne Gewinnorientierung war die Devise. Bei den Haudenosaunee (Eigenname der Irokesen) verwalteten ältere Frauen das ganze Leben in der Siedlung.

SCHMUCK UND STATUS

Jagen, Essen zubereiten, Werkzeuge herstellen – all das sind sinnvolle Tätigkeiten. Vor 100 000 Jahren begannen die Menschen allerdings, auch „Nutzloses“ zu tun und scheinbar sinnlose Dinge wertzuschätzen. Sie malten, tanzten, machten Musik. Sie sammelten Muscheln, Tierzähne, Steine und trugen sie als Anhänger und Ketten.

Grotta di Fumane (Italien), 50 000 v. Chr. Neandertaler haben Schneckenhäuser an der etwa 130 km entfernten Meeresküste gesammelt, durchbohrt und angemalt.

Sungir (Russland), 30 000 v. Chr. Die Kleidung dieses Mannes ist mit ca. 3000 Perlen aus Mammut-Elfenbein geschmückt.

Saint-Germain-la-Rivière (Frankreich), 16 000 v. Chr. Diese Frau bekommt Schmuck aus 69 Eckzähnen von Hirschen geschenkt.

Perlmutt, Perlen, Edelsteine und Bernstein findet man oft am Wasser. Flüsse waschen auch Rohmetalle aus dem Gestein: Gold, Silber, Kupfer, Platin ... Allerlei glänzende Kostbarkeiten. Schmuck aus begehrten Materialien erhöhte den Status einer Person. Je höher der Status war, desto mehr Geschmeide wurde zur Schau getragen. Kein Wunder, dass in vielen Kulturen der an sich nutzlose Schmuck zum SCHMUCKGELD wurde!

Kauri-Schnecken leben im Indischen Ozean, Pazifik und Mittelmeer. Schon früh nutzten die Menschen ihre Gehäuse als Schmuck, Grabbeigabe, Glücksbringer oder Spielsteine.

Monetaria moneta

Monetaria caputserpentis

Kauris waren das am meisten verbreitete „Muschelgeld“ und damit wohl die erste Weltwährung der Geschichte!

Überall – in Afrika und in Indien, im höchsten Himalaya und im tiefsten Sibirien – schätzte man Kauris. Je weiter ein Ort von der Küste entfernt war, desto höher war dort ihr Wert. Um 6000 v. Chr. erreichten sie China und wurden dort zum gesetzlichen Zahlungsmittel. Auch in Afrika waren sie eine verbreitete Währung. Mancherorts nutzte man sie bis in die 1950er-Jahre als Kleingeld!

PRIMÄRGELD: NORDAMERIKA

KAHNFÜSSERGELD, YUROK

Die Yurok lebten als Fischer und Sammler, hatten aber einen ausgeprägten Sinn für Reichtum, Schulden und Kredit. Gelegentlich versklavten sie sich schuldenbedingt gegenseitig. Ihr Vermögen bestand aus roten Spechtfedern, Pelzen, Muschel- und Schneckenschalen. Kahnfüßer-Schalen, die man etwa 1000 km nordwärts aus dem Ozean holte, dienten den Yurok als Schmuck und Zahlungsmittel. Die große Entfernung vom Fundort garantierte die Seltenheit und somit den hohen Wert dieses „Geldes“.

Eine Kahnfüßerschalen-Schnur (Xo'ji-nahdiyaw) musste ca. 70 cm lang sein. Die Yurok unterschieden fünf Schalengrößen: ca. 6,5 cm (11 Stück pro Schnur), 6 cm (12), 5,5 cm (13), 5 cm (14), 4,5 cm (15).

Um den Wert des Geldes zu überprüfen, verglichen die Yurok die Länge von fünf Schalen auf der Schnur mit einem speziellen Tattoo auf dem Unterarm.

WAMPUM, HAUDENOSAUNEE

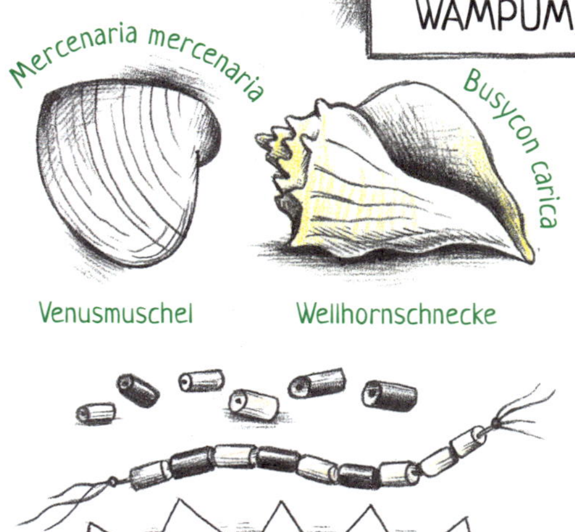

Zylindrische polierte Perlen, aus Muschel- und Schneckenschalen gefertigt und auf Schnüren aufgefädelt oder zu Wampum-Gürteln verflochten, waren bei den Völkern Nordamerikas gleichzeitig Schmuck, Tauschware, Blutgeld und Vertragssymbol.

Im 17.–18. Jh. begannen die Europäer, Wampum als Tauschmittel im Pelzhandel mit den nordamerikanischen Völkern zu nutzen. Sie zwangen die Küstenstämme zur Massenproduktion der Perlen und brachten sie ins Landesinnere. Später setzten sie im Tauschhandel mit den Ureinwohnern Glasperlen aus Venedig ein.

PRIMÄRGELD: OZEANIEN

TABU-SCHNECKENGELD, TOLAI

Die Tolai (Neubritannien, Papua-Neuguinea) kannten Landwirtschaft und Warentausch schon vor der Ankunft der Europäer. Aus Gehäusen der kleinen Kina-Meeresschnecken fertigten sie ihr traditionelles Geld. Heute kann man es sogar in die Nationalwährung Papua-Neuguineas, die ebenfalls Kina heißt, umtauschen.

Eine wichtige Einheit, die bei rituellen Anlässen eine Rolle spielt, ist Pokono Tabu (320 Schnecken). 100 Pokono = Mar (~32 000 Schnecken!). 4 Mar, zu einem Ring (Loloi) geformt und in Blätter gewickelt, dienen als Brautpreis. Für kleine Einkäufe: Tip – 5 Schnecken, Tip Na Ilima – 10, Tip Na Arip – 20.

DELFINZAHNKETTEN, SALOMONEN

Die Delfin-Treibjagd war eine alte Tradition der Inselbewohner. Wertvollste Trophäen waren die Zähne. Der Ostpazifische Delfin hat 45–65. Man fertigte daraus Schmuckketten, die als Brautgeld dienten. Mehrfach versuchten Naturschützer, diese Jagd zu stoppen. Der Preis eines Zahns stieg in der Folge von 10 Cent auf 1$. 2013 hielten sich die Bewohner eines kleinen Dorfes nicht an das erlassene Verbot und schlachteten 1674 Delfine ab.

HUNDEZAHNKETTEN, PAPUA-NEUGUINEA

FEDERGELD, SANTA-CRUZ-INSELN
Bei uns durfte man nur heiraten, wenn man der Brautfamilie zehn Rollen Federgeld gab.
Immerhin der Preis eines guten Kanus!
Kardinalhonigfresser
Tongafruchttaube
Die Herstellung des Federgeldes war sehr aufwendig. Nur wenige beherrschten sie. Zuerst klebte man Taubenfedern zu Plättchen zusammen. Darauf klebte man leuchtend rote Federchen des Honigfressers. Dann befestigte man die Plättchen an einem 8–10 m langen Stück Baumrinden-Band und rollte es zusammen. Für eine Spule tötete man 400–600 Honigfresser-Männchen. Seit den 1980ern wird kein neues Federgeld hergestellt.
STEINGELD RAI, INSEL YAP
Jahrhundertelang schlugen die Bewohner von Yap riesige Scheiben aus den Felsen der Nachbarinsel Palau. Die Arbeit war schwer und die Rückreise gefährlich: 400 km auf Booten und Flößen über den offenen Ozean.
Dieser Rai ist unglaublich wertvoll, es sind zehn Männer beim Transport umgekommen.
Auf Yap standen die Steine schließlich auf dem Dorfplatz. Jeder wusste, wem welcher gehörte und wie viel er wert war. Man entrichtete damit Brautgeld, bezahlte ein Grundstück, ein Haus oder ein Boot, ohne den Stein zu bewegen.
Die größte „Steinmünze“, 5 t
Rais erinnern an die Jadescheiben Bi, Grabbeigaben der Liangzhu-Kultur (3300–2300 v. Chr.) in China und vermutlich Symbole für Macht und Reichtum. Südchina gilt als Urheimat der austronesischen Völker Ozeaniens. Vielleicht hat diese Tradition auf Yap weitergelebt?
Ach Leute, ich gebe euch gescheites Werkzeug und fahre eure Steine mit meinem Schiff rüber, ok? Dann werdet ihr alle reich. Gebt mir nur eure Kopra dafür!
Seit den 1930ern werden keine Rais mehr hergestellt.
Nee, so einfach geht das nicht. Die mühevolle Arbeit, die Gefahren der Reise und all die Geschichten drumherum – das macht die Rai-Steine so wertvoll!
Kapitän David O'Keefe, 1824–1901

GESELLSCHAFT: DER WEG ZUM GELD

Vor etwa 12 000 Jahren begannen die Menschen mit der Lebensmittelproduktion: Viehzucht und Ackerbau ersetzten die „aneignende Raubwirtschaft", aus Jägern und Sammlern wurden Bauern und Tierhalter.

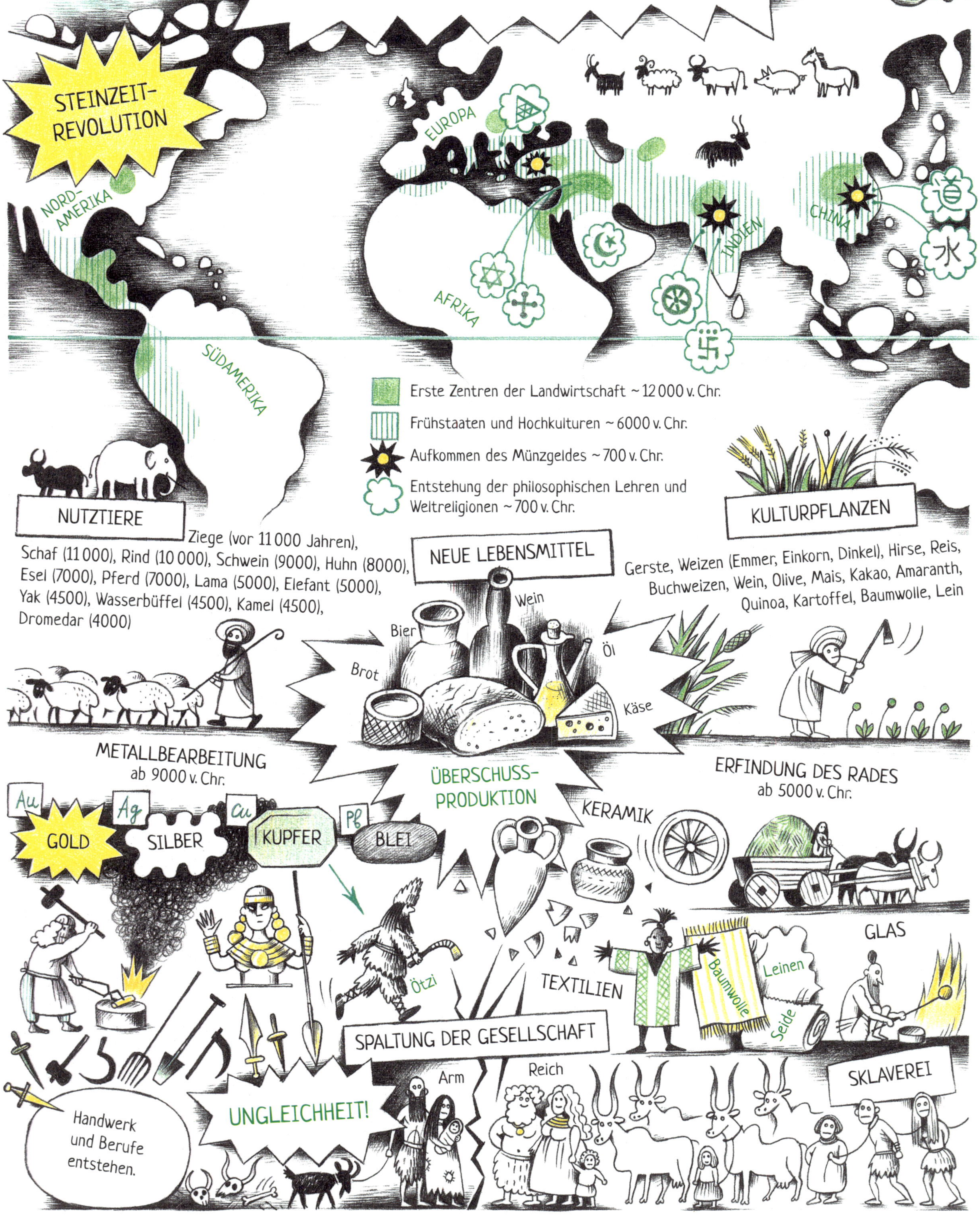

BRONZEZEIT
KUPFER + ZINN
~90 %
~10 %
BRONZE
~3000 v. Chr.
KRIEGE
SKLAVEN
TRIBUT
Mensch als Wertmesser
SCHRIFT UND SCHREIBEN
~3000 v. Chr.
DER STAAT
GESETZE
Zahlen und Rechnen (ab 4000 v. Chr.)
Messsysteme, Gewichte
HANDEL
MARKT
Geraubte Arbeit: Schuldknechtschaft, Lohnarbeit
STEUERN
GERÄTEGELD
BARRENGELD
EISENZEIT – ACHSENZEIT
~1000 v. Chr.
Eisenverhüttung
Neue Waffen und Geräte
Zwischen 800 und 200 v. Chr. breiten sich neue Ideen explosionsartig aus. Philosophische Lehren, Wissenschaften und Weltreligionen entstehen.
Erste Bücher erscheinen!
Pythagoras von Samos
~570–510 v. Chr.
BERUFSARMEEN
Mehr Krieg!
Mehr Sklaven!
DAOISMUS
Laozi
6. Jh. v. Chr.
KONFUZIANISMUS
Kong Fuzi
6.–5. Jh. v. Chr.
ZOROASTRISMUS
Zarathustra
7.–6. Jh. v. Chr.
Expansionspolitik zur Erschließung und Eroberung neuer Ressourcen, neuen Acker-lands und neuer Arbeitskräfte ist bis heute typisch für die Menschheitsgeschichte. Unsere Zivilisation ist eine Zivilisation des Krieges.
BUDDHISMUS
Siddhartha Gautama
~563–483 v. Chr.
JAINISMUS
Mahavira
599–527 v. Chr.
Biblische Schriftpropheten
Jesaja, Jeremia, Ezechiel
8.–6. Jh. v. Chr.
China
~700 v. Chr.
Indien
Lydien
MÜNZGELD
Finanz- und Kreditsysteme
Judentum
Christentum
Islam

SCHREIBEN, RECHNEN, WIEGEN

Erst in Städten wurde es notwendig, zu messen, zu wiegen, zu vergleichen und aufzuschreiben. Seit etwa 4000 v. Chr. nutzte man Zählmarken (Tokens) aus Ton, um Güter und Vorräte zu zählen, später kam man auf die Idee, einfach alles aufzuschreiben. Vor etwa 6000 Jahren entstanden in Mesopotamien die ersten geschriebenen Dokumente der Menschheit: Quittungen und Warenlisten. Für genaue Bestandsaufnahmen brauchte man ein Messsystem.

GEWICHTE

In den Hochkulturen der beginnenden Bronzezeit entstand ein überwachtes Messwesen. Mustergewichte wurden angefertigt und ihr Einsatz von Aufsehern kontrolliert. Begehrte Edelmetalle wurden ganz genau abgewogen.

LÄNGEN

Samen, Körner, Bohnen u. Ä. waren immer zur Hand und in Größe und Gewicht etwa gleich. Perfekte kleine Maßeinheiten!

CHINA

100 Hirsekörner dienten in Altchina als die kleinste Maßeinheit Zhu (0,65 g). 24 Zhu ergaben ein Liang. 16 Liang bildeten ein Jin (250 g in der Antike, später je nach Region 500–600 g).

MESOPOTAMIEN

Še – 1 Gerstenkorn (0,047 g)
Šiqlu, Schekel (8,4 g) 180 Gerstenkörner
Mine = 60 Schekel (ca. 500 g)
Talent = 60 Minen (30,3 kg)

ÄGYPTEN

Schati – Goldringe von ca. 7 g – fungierten im Alten Ägypten als Geld. Das Gewicht von zwei Ringen wurde zur Grundeinheit Deben (ca. 3000 v. Chr.). Das Kupfer-Deben war etwas schwerer: 23,7 g.

Ab ca. 1500 v. Chr. gab es in Ägypten das neue Deben = 91 g.

INDIEN
Manavadharmashastra, das Gesetzbuch Manus, des mythischen Stammvaters der Menschen, sah ein sehr genaues System vor. Die kleinste Gewichtseinheit war Trasartenu, ein Staubpartikel, der im Sonnenstrahl fliegt. 4 147 200 Trasartenus = 518 400 Likeshas (Laus-Eier) = 9600 Gerstenkörner = 3200 Ratis = 640 Mashas (Bohnen) = 40 Suvarnas = 10 Palas = 1 Dharana (~ 440 g, quasi ein Pfund oder fast eine Mine).
मनु
Paternostererbsen (Rati, Retty) 0,13 g
Mungobohnen, Urdbohnen, 0,02–0,04 g
Steinwürfel-Sets waren Standard in allen Städten der Indus-Zivilisation.
Das kleinste Gewicht: 0,856 g; das häufigste Gewicht: 13,7 g.
0,856 g x 2 x 2 x 2 x 2
13,7 g. Entspricht dem altägyptischen Deben!
EUROPA
Das mesopotamische System wurde im ganzen Mittelmeerraum übernommen und von den Griechen und Römern weiterentwickelt. Einen halben Schekel nannten die Griechen eine Drachme (~ 3,38 g).
4 Schekel = 1 römische Unze (27,1 g)
12 Unzen = 1 altes römisches Pfund, Libra (325 g)
16 Unzen = 1 Mine (433 g)
Zwei Pfund.
Nach und nach wurde das römische Pfund in vielen Ländern vom Kilogramm abgelöst: als Erstes 1799 in Frankreich, später u. a. in Deutschland (1872), Russland (1918), Indien (1962), China (1977) und Irland (2005). In den USA, Liberia und Myanmar gilt das römische System noch heute.
1 kg!
Aber ein Pfund war nicht gleich ein Pfund. Noch im 19. Jh. gab es in Europa in jedem Land und oft auch von Stadt zu Stadt ein eigenes Pfund!
1 PFUND?!
Berlin: 468,54 g
Breslau: 405,23 g
Russland: 409,3 g
Rom: 339,16 g
Frankfurt am Main: 505,35 g
Amsterdam: 494,04 g
Antwerpen: 470,16 g
Danzig: 434,73 g
München: 561,38 g
Schweden: 425,34 g
VON GEWICHTEN ZUR WÄHRUNG
Warte, bald gibt's genug Kleingeld!
Hacksilber
Genau abgewogene kleine Metallstücke wurden immer häufiger als Geld benutzt. Die Wikinger hackten dafür einfach ihre Beute klein. Standardisiertes Gewicht und königlicher Stempel machten Metallstücke zu Münzen, zu einem offiziellen Zahlungsmittel. Viele Währungen trugen und tragen teils noch heute die Namen der Gewichtseinheiten: Pfund, Lira, Mark, Schekel, Drachme, Tael, Wu Zhu, Hrywnja, Iraimbilanja, Baht etc.
ONE POUND
Obwohl auf der britischen Pfundmünze „One Pound" steht, wiegt sie mittlerweile nur noch 8,75 g. Sie besteht auch nicht mehr aus Silber, sondern aus Nickel und Messing.

MENSCHEN UND METALLE

Goldschatz von Warna (Bulgarien), 4600–4200 v. Chr. Gräberfeld mit dem größten Fund frühester Goldgegenstände in Europa. Allein im Grab eines älteren Herrn fand man 990 Goldobjekte: 1,5 kg Gold!

Von diesem gelben Metall, das nie rostet, gibt es auf der Erde nur etwa 4 g pro 1000 t Gestein. Schon in der Frühzeit fanden die Menschen es als kleine Klümpchen oder Goldsand. Schön, rar, stabil und leicht zu bearbeiten – diese Eigenschaften machten Gold zum beliebtesten Statussymbol und Wertspeicher der Weltgeschichte. Die Inka nannten es „Schweiß der Sonne". Praktischen Nutzen hatte das Metall zunächst kaum, erst in modernen Zeiten findet es Anwendung in Elektronik und Zahnmedizin.

Die Besessenheit der Menschen von Gold und Silber führte zu zahllosen Kriegen und Eroberungszügen.

Wurden irgendwo Goldvorkommen entdeckt, strömten Tausende Goldsucher in der Hoffnung auf schnellen Reichtum herbei.

Das zweitbedeutendste Edelmetall, von den Inka „Tränen des Mondes" genannt, kommt etwa 15- bis 20-mal häufiger vor als Gold. Ebenfalls zu weich für Waffen, eignet sich Silber nur für Schmuck, Besteck und Küchengeräte. Seit etwa 5000 v. Chr. verarbeiten die Menschen es. Ab 2000 v. Chr. wurde Silber zum begehrtesten Tauschmittel im Fernhandel und später auch zum Münzmetall.

Kupfer zählt zu den Halbedelmetallen. Es kommt etwa 700-mal häufiger vor als Silber und etwa 12 000-mal häufiger als Gold. Um 7500 v. Chr. lernten die Menschen, es zu bearbeiten. Der berühmte Ötzi (um 3300 v. Chr.) besaß ein Kupferbeil. Um 3000 v. Chr. erfand man – wahrscheinlich durch einen glücklichen Zufall – Bronze, eine Kupfer-Zinn-Legierung. Werkzeuge und Waffen aus Bronze sind fester als solche aus Kupfer. Zinnerz kommt aber nicht überall vor. Das zwang zu Handelskontakten und riskanten Unternehmungen. Ab ca. 1600 v. Chr. fand im Mittelmeerraum bereits ein reger Handel mit Rohmetallen statt.

Eisen ist eines der häufigsten Elemente der Erdkruste und heute weltweit das am meisten genutzte Metall. Etwa 1000–800 v. Chr. beherrschte man vielerorts die Technik der Eisenverhüttung und des Ausschmiedens.

VORMÜNZLICHES METALLGELD

Metallgewinnung war eine komplizierte und schwere Arbeit, die Erzeugnisse hatten einen entsprechend hohen Wert. Barren dienten ursprünglich dem Aufbewahren von Metallvorräten, wurden aber schnell zu Wertspeichern und Statussymbolen, quasi zu „Geld". Die einfachste Form des Barrens war der Gusskuchen, aus dem Erz geschmolzenes Metall: Kupfer oder Bronze, das sich am Boden des Verhüttungsofens sammelte. Um den Transport und die Bezahlung von Kleinbeträgen zu erleichtern, formte man dann kleinere Barren oder Gegenstände wie Schmuck oder Werkzeuge.

Ringbarren
~2000 v. Chr., Österreich

Bronzesicheln
~1300 v. Chr., Österreich

Tüllenbeile
~900 v. Chr., Frankreich

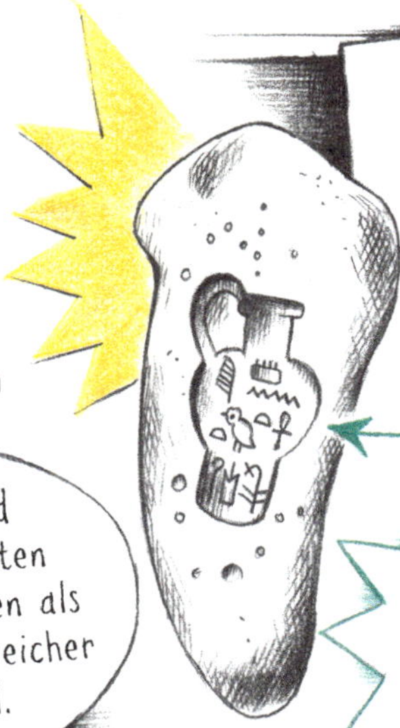

Silberbarren, Ägypten
1332–1323 v. Chr., Ag 985,4 ‰, 41,55 g (ca. 1/2 Deben)

Siegel des Pharaos Tutanchamun, amtliche Garantie für Gewicht und Feingehalt

In diesem Fall darf man vielleicht schon von einer „Münze" sprechen!

THAILAND

Pod Duang (Kugelgeld), 13.–19. Jh.:
Silberkugeln in traditionellen Gewichtseinheiten

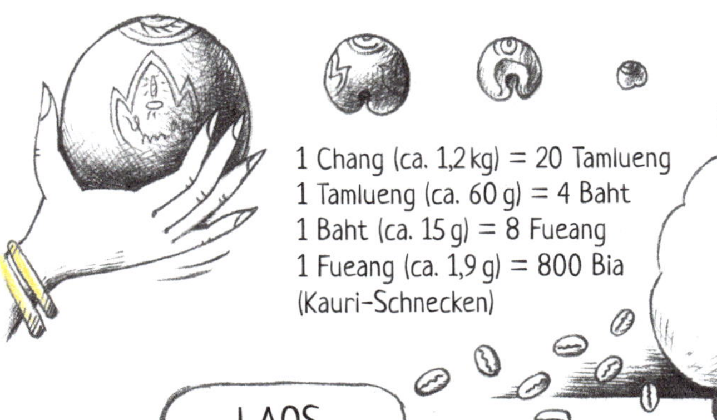

1 Chang (ca. 1,2 kg) = 20 Tamlueng
1 Tamlueng (ca. 60 g) = 4 Baht
1 Baht (ca. 15 g) = 8 Fueang
1 Fueang (ca. 1,9 g) = 800 Bia (Kauri-Schnecken)

In ganz Asien dienten nach Gewicht normierte Barren als Tausch- und Zahlungsmittel, bis die europäische Münzform im 19. Jh. übernommen wurde. In China z. B. wurden große Geschäfte und Steuern mit privat hergestellten Silberbarren, Yuanbao (Sycee, Schuhgeld), bezahlt. Solche Barren sind seit dem 7. Jh. bekannt und wurden erst 1933 abgeschafft.

CHINA

50 Tael, Ag, 1,8 kg, 125 mm

1/10 Tael, Ag, 4 g, 18 mm

LAOS

Lat Hoi (Tigerzungengeld), 16.–18. Jh.

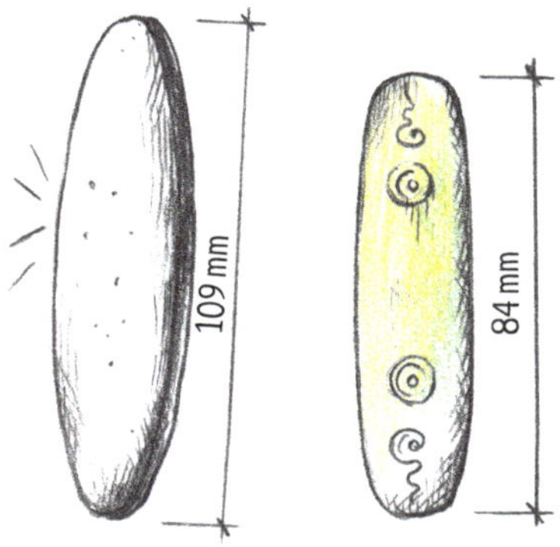

Ag, 103,2 g

Bronze, 36 g

MALAYSIA

Tampang
16.–17. Jh.
Zinn, 865 g

JAPAN

Bis zur Yen-Einführung 1871 hatten die japanischen Gold- und Silbermünzen eine Barren- oder Kugelform.

Oban (= 10 Ryo), Au, 113 g, 1860

TRADITIONELLE WÄHRUNGEN AFRIKAS

Bei den Hirtenvölkern Afrikas wie den Nuer, Turkana, Massai, Zulu oder Xhosa gelten Nutztiere auch heute noch als Maßstab für Wohlstand und Status.

Nelson Mandela Präsident Südafrikas, Xhosa-Prinz, 1918–2013

Graça Machel Mosambikanische Politikerin, *1945

Goodwill Zwelithini kaBhekuzulu König der Zulu, 1948–2021

Für kleine Einkäufe nutzte man Naturalgeld wie Salzbarren oder Kaurischnecken, die überall auf dem Kontinent als Kleingeld verbreitet waren. Einen hohen Wert hatten auch Metalle.
In den an Kupfer- und Eisenerz reichen Regionen Afrikas bildeten sich Zentren der Metallverarbeitung – und mächtige Reiche: Benin (7.–20. Jh.), Songhai (11.–16. Jh.), Lunda (17.–19. Jh.), Luba (16.–19. Jh.) u. a.
Auch in Afrika wurden Kupfer- und Eisenbarren zu Wertspeichern, Statussymbolen und vormünzlichem Geld. Geldfunktion bekamen sie vermutlich im Zuge des Sklaven- und Elfenbeinhandels mit den Arabern und Europäern. Diese Geldform diente allerdings vor allem als Brautpreis, Lösegeld, Grabbeigabe oder Viehpreis. Fast jedes afrikanische Volk hatte eine eigene „Währung".

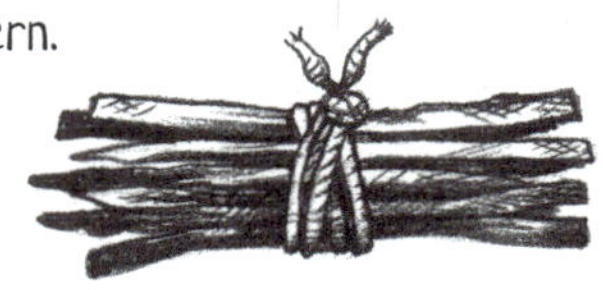

Eisenwährung des Tiv-Volks, unverzichtbar beim Heiraten

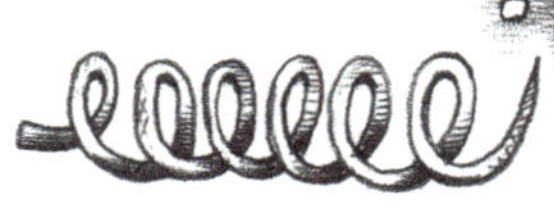

Eisenspirale, Iyembe-Stamm der Mongo

„Eisenbaum", ca. 0,8 kg, Mumuye

Eisenstangen, 0,5 kg, Mofu

KISSI-PENNYS (KILINDI)

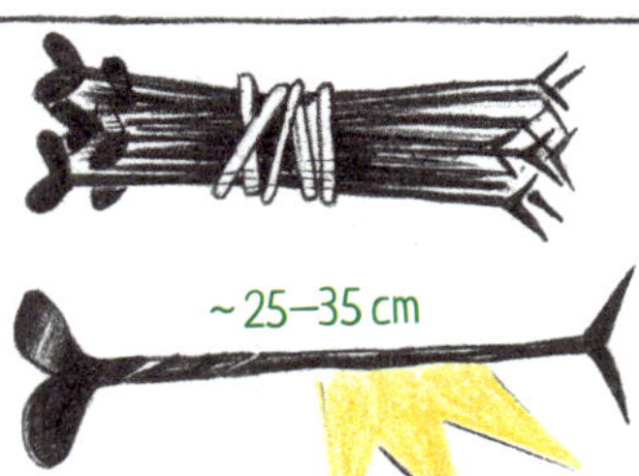

Kissi-Pennys wurden von Schmieden des Kissi-Volkes in Liberia und Sierra Leone hergestellt und bis in die 1980er-Jahre als Geld verwendet, meist in Bündeln von je 20 Pennys. Eine Kuh kostete 100 Bündel (ca. 70 kg Eisen). …ute schmücken die Pennys …erias Zentralbanksiegel. …issi-Penny hat ein „Ohr", …„Fuß" und eine „Seele".

Starb jemand in der Fremde, half man seiner Seele in die Heimat zurück, indem man einen Kissi-Penny für eine Nacht auf sein Grab legte und den Metallstab anschließend in das Haus des Verstorbenen brachte.

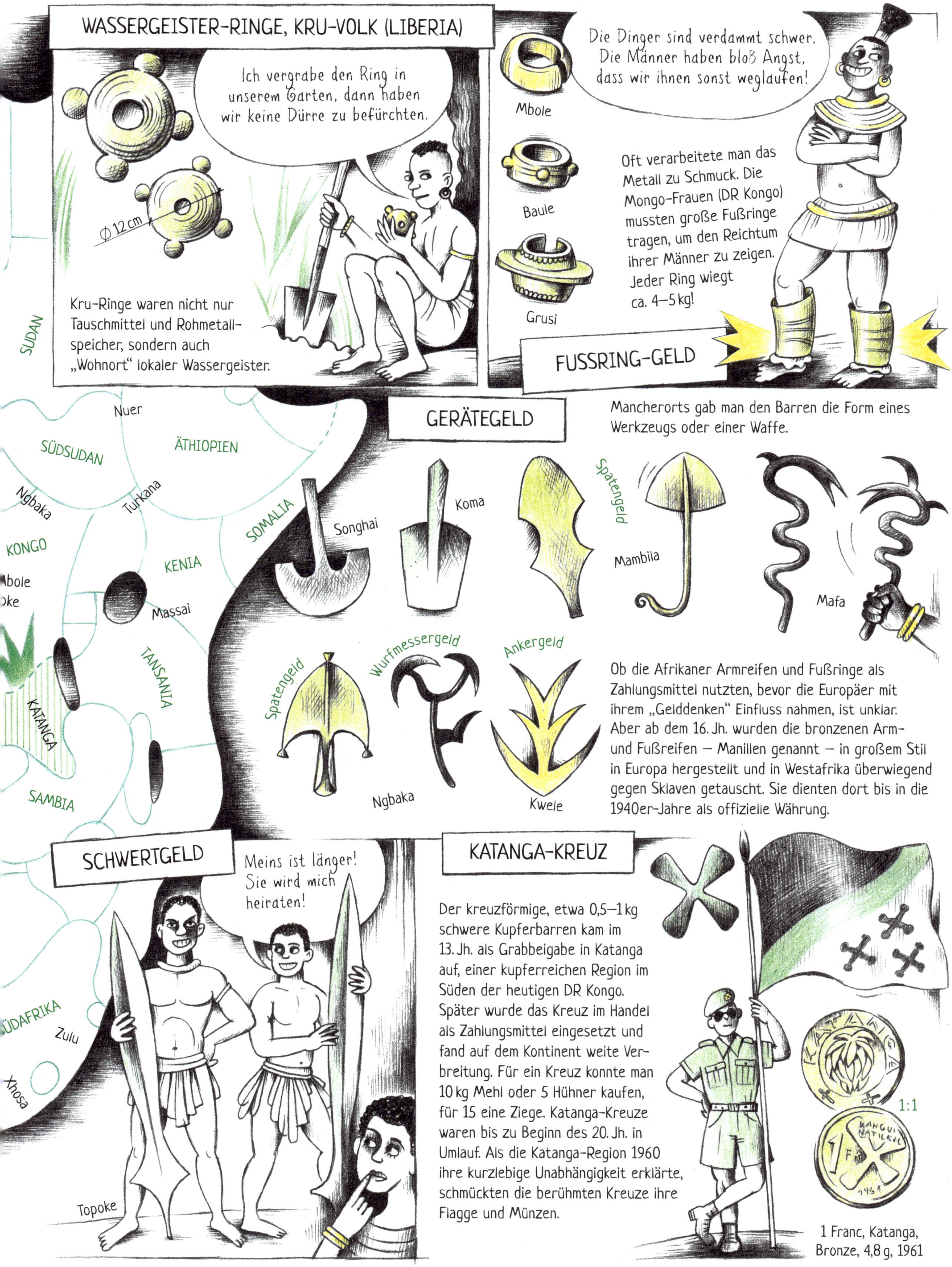

WASSERGEISTER-RINGE, KRU-VOLK (LIBERIA)
Ich vergrabe den Ring in unserem Garten, dann haben wir keine Dürre zu befürchten.
⌀ 12 cm
Kru-Ringe waren nicht nur Tauschmittel und Rohmetallspeicher, sondern auch „Wohnort“ lokaler Wassergeister.
Die Dinger sind verdammt schwer. Die Männer haben bloß Angst, dass wir ihnen sonst weglaufen!
Mbole
Baule
Grusi
Oft verarbeitete man das Metall zu Schmuck. Die Mongo-Frauen (DR Kongo) mussten große Fußringe tragen, um den Reichtum ihrer Männer zu zeigen. Jeder Ring wiegt ca. 4–5 kg!
FUSSRING-GELD
SUDAN
Nuer
SÜDSUDAN
ÄTHIOPIEN
Ngbaka
Turkana
SOMALIA
KONGO
KENIA
Massai
TANSANIA
KATANGA
SAMBIA
GERÄTEGELD
Mancherorts gab man den Barren die Form eines Werkzeugs oder einer Waffe.
Songhai
Koma
Spatengeld
Mambila
Mafa
Spatengeld
Wurfmessergeld
Ankergeld
Ngbaka
Kwele
Ob die Afrikaner Armreifen und Fußringe als Zahlungsmittel nutzten, bevor die Europäer mit ihrem „Gelddenken“ Einfluss nahmen, ist unklar. Aber ab dem 16. Jh. wurden die bronzenen Arm- und Fußreifen – Manillen genannt – in großem Stil in Europa hergestellt und in Westafrika überwiegend gegen Sklaven getauscht. Sie dienten dort bis in die 1940er-Jahre als offizielle Währung.
SCHWERTGELD
Meins ist länger! Sie wird mich heiraten!
Topoke
SÜDAFRIKA
Zulu
Xhosa
KATANGA-KREUZ
Der kreuzförmige, etwa 0,5–1 kg schwere Kupferbarren kam im 13. Jh. als Grabbeigabe in Katanga auf, einer kupferreichen Region im Süden der heutigen DR Kongo. Später wurde das Kreuz im Handel als Zahlungsmittel eingesetzt und fand auf dem Kontinent weite Verbreitung. Für ein Kreuz konnte man 10 kg Mehl oder 5 Hühner kaufen, für 15 eine Ziege. Katanga-Kreuze waren bis zu Beginn des 20. Jh. in Umlauf. Als die Katanga-Region 1960 ihre kurzlebige Unabhängigkeit erklärte, schmückten die berühmten Kreuze ihre Flagge und Münzen.
1:1
1 Franc, Katanga, Bronze, 4,8 g, 1961

Kapitel 2

AUFSTIEG DES GELDES

ERFINDUNG DER MÜNZE: CHINA

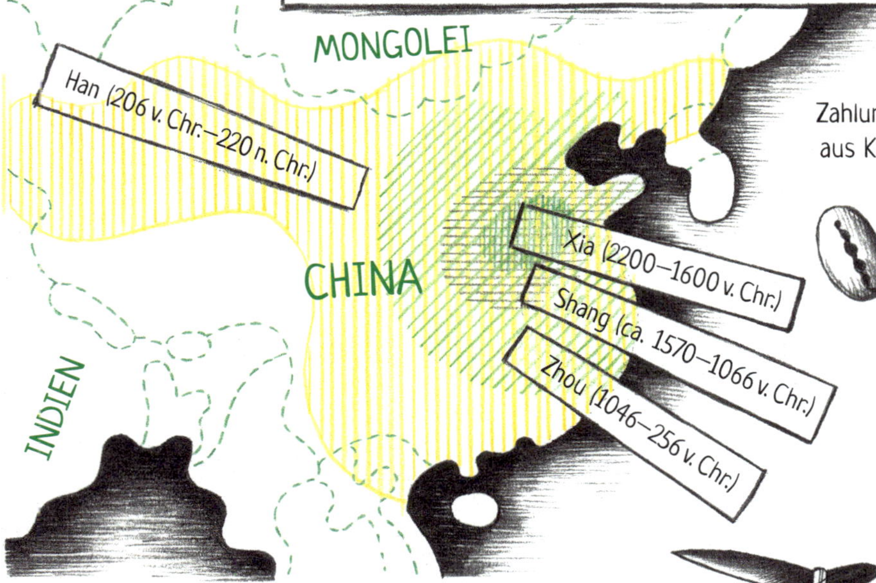

Auch in China waren Kauris, Jaderinge und Objekte aus Muschel- und Schneckenschalen die ersten Tausch- und Zahlungsmittel. Manchmal schnitzte man die begehrten Kauris sogar aus Knochen und Stein nach oder goss sie aus Kupfer oder Bronze.

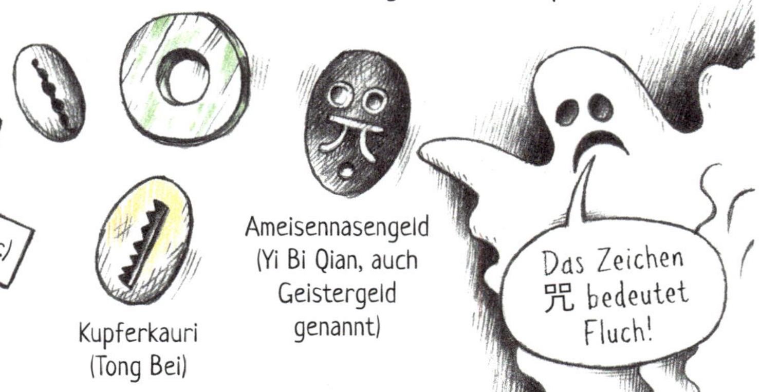

Mit der Verbreitung der Metallverarbeitung (ab 1500 v. Chr.) standen Werkzeuge und Waffen aus Kupfer und Bronze hoch im Kurs. Bald wurden kleine Darstellungen dieser Gegenstände (Äxte, Messer oder Spaten, je nach Region) zum anerkannten Tausch- und Zahlungsmittel. Das Gerätegeld war erfunden!

Etwa im 7. Jh. v. Chr. begann man, das Gerätegeld mit Herrscherzeichen zu versehen. Etwa zu dieser Zeit erschienen auch die ersten runden Münzen mit Loch – eine symbolische Darstellung des Universums nach der Dao-Lehre.

Im 2. Jh. v. Chr. wurde Ban Liang durch die neuen Münzen San Zhu (3 Zhu) und Wu Zhu (5 Zhu) ersetzt. Wu Zhu blieb 739 Jahre in Umlauf und diente bis 1949 als Muster für weitere chinesische Münzen: Etwa 2000 Jahre lang blieb das Münzdesign unverändert!

Wu Zhu, Cu, 3,5 g, ~100 v. Chr.

ERFINDUNG DER MÜNZE: INDIEN

Über die Indus-Zivilisation weiß man sehr wenig, wahrscheinlich entwickelte sie sich ähnlich wie die Frühstaaten in Ägypten und Sumer. Archäologen haben zahlreiche Muschelketten, Armreifen aus Meeresschneckenhäusern, Kauris und Goldschmuck gefunden. Vermutlich diente all das wie in China als Geld.

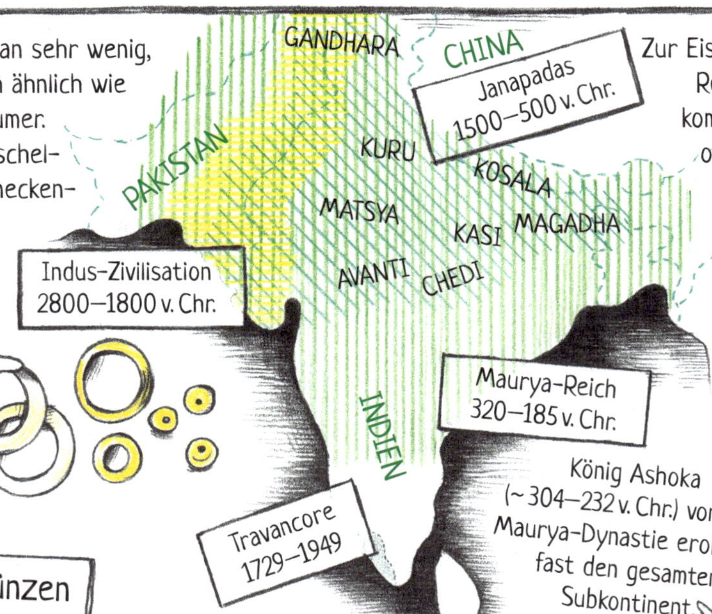

Zur Eisenzeit bildeten sich in Nordindien Krieger-Republiken und -Reiche: Janapadas. Der aufkommende Handel und die Notwendigkeit, Sold oder Tribut zu zahlen, führten zur Normung der Metallbarren. Der Staat übernahm deren Kontrolle und Kennzeichnung. Die erste indische Münze entstand – mit einigen Besonderheiten.

König Ashoka (~304–232 v. Chr.) von der Maurya-Dynastie eroberte fast den gesamten Subkontinent.

Herstellung der Münzen

Das Metallblech wurde in kleine Stücke geschnitten und gewogen.

In den Rohling wurden verschiedene Stempel (Punzen) gehämmert (gepunzt). Man kennt über 600 unterschiedliche Stempelmotive. Ihre Bedeutung ist aber nicht immer klar. Manchmal trägt eine Münze fünf oder gar sieben Stempel.

1:1

Shatamana, Gandhara, Ag, ~11 g ~600 v. Chr., 100 Ratis

1:1

Karshapana, Magadha, Ag, 3,5 g ~500 v. Chr., 32 Ratis

1:1

1/32 Karshapana, Maurya-Reich Ag, 0,14 g, ~300 v. Chr.

Runde Münzen mit Darstellungen auf beiden Seiten kamen im Westen Indiens erst unter griechisch-persischem Einfluss auf.

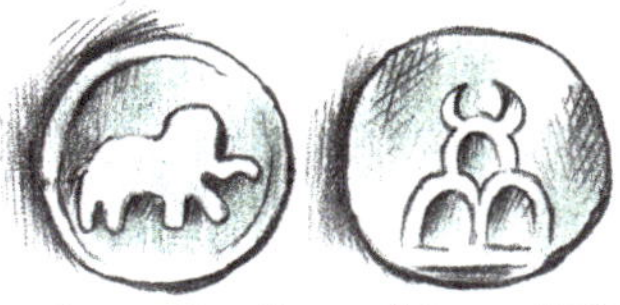

1:1

Kupfermünze, Gandhara, 1,8 g, ~180 v. Chr.

Fürstentum Travancore

1:1

Fanam, Au 0,3 g, ~1810

1/2 Chuckram, Ag 0,2 g, ~1810

Chuckram, Ag 0,4 g, ~1860

Gestempelte Mini-Münzen wurden noch etwa 2000 Jahre lang ausgegeben. Fanams und Chuckrams des Fürstentums Travancore waren so klein, dass man sie kaum in den Fingern halten konnte. Gezählt wurden sie auf speziellen Holzbrettern mit passenden Löchern.

ERFINDUNG DER MÜNZE: LYDIEN

546 v. Chr. zog Krösus in den Krieg mit den Persern und verlor. Das große Reich, das er zerstörte, war sein eigenes. Alle Reichtümer Lydiens fielen an die Feinde. Aus Krösus' Gold wurden persische Münzen geprägt, die für die nächsten 200 Jahre zur Hauptwährung im Mittelmeerraum wurden.

KARTHAGO: GELD FÜR DEN KRIEG

Karthago wurde im 8. Jh. v. Chr. von Phöniziern (Puniern) als Kolonie gegründet. Im 5. Jh. v. Chr. wurde das Reich zu einer Großmacht und eroberte viele Gebiete. Selbst nicht zahlreich, heuerten die Punier Söldner aus verschiedenen Ländern an und prägten eigens Münzen, um das Söldnerheer zu bezahlen.

AM ANFANG WAR SOUFLAKI

In Homers Ilias (~ 8. Jh. v. Chr.) wird kein Geld erwähnt. Als Wertmesser galt damals das Vieh.

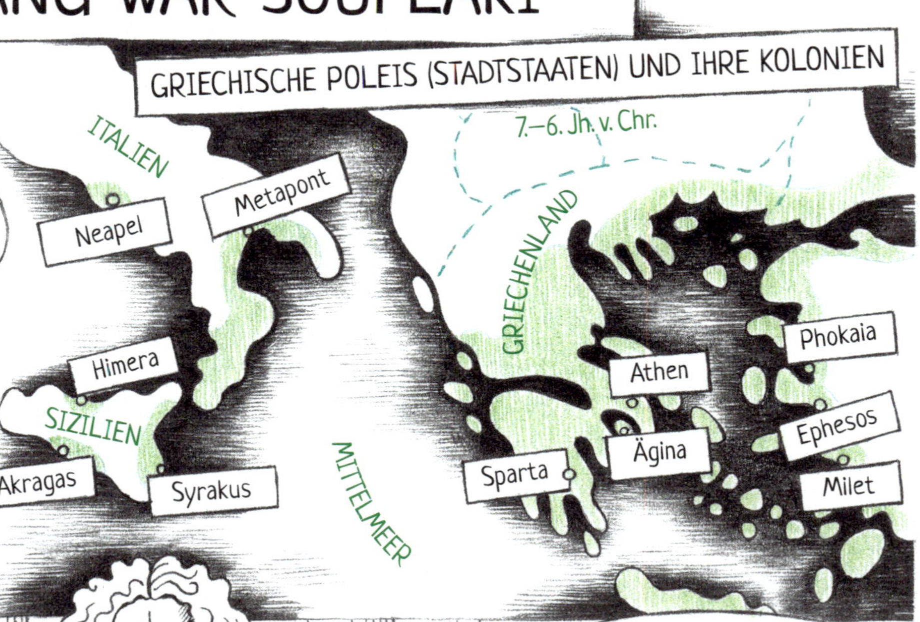

Auch ihren Göttern opferten die Griechen Vieh. Dabei hatte jeder Bürger ein Anrecht auf eine bestimmte Anzahl Opferfleisch-Spieße. Konnte man dieses Anrecht übertragen oder gegen etwas tauschen? Oder waren die Spieße (Soufli oder Obolos) eine Art Gerätegeld? Auch eine kleine Silbermünze wurde Obolus genannt. Sechs Oboli bildeten eine Drachme („eine Handvoll"). Mit dem Obolus wurde auch die Überfahrt in das Reich des Todes bezahlt. Und noch heute muss gelegentlich ein Obolus entrichtet werden. Das „Gelddenken" und die Münzen brachten griechische Söldner aus Lydien mit. Bald prägte jede Polis eigene Münzen. Anfangs ahmte man lydische Stater nach.

1/6 Stater, Phokaia
AuAg, 2,6 g, 600 v. Chr.

1:1

Stater, Ägina, Ag, 12,4 g ~ 550 v. Chr.

Obolus (1/6 Drachme), Milet Ag, 1,2 g, ~ 500 v. Chr.

Tetradrachme (4 Drachmen) Ephesos, Ag, 17,5 g, ~ 400 v. Chr.

1:1

Tetradrachme (4 Drachmen) Athen, Ag, 17 g, ~ 450 v. Chr.

Die erste Münzstätte Griechenlands befand sich auf der Insel Ägina. Die Griechen prägten ihre Münzen wie die Lydier, nutzten aber nur Silber dafür. Die Münzprägetechnik verbreitete sich von hier aus in ganz Europa.

SPARTA: EISENGELD FÜR EISENMÄNNER

Sparta war eine militärisch organisierte Gesellschaft und grenzte sich von den anderen Poleis stark ab. Das Leben der Spartaner war von Kriegszügen und Drill bestimmt. Sie wohnten in Kasernen, aßen gemeinsam, trainierten hart und zwangen zahlreiche Sklaven und unfreie Bauern, sie zu versorgen.

Spartas riesige Eisenmünze Pelanore soll aus brüchigem Gusseisen bestanden haben und nicht einmal als Rohmetall zu gebrauchen gewesen sein. Der Wert wurde vom Staat vorgeschrieben.

Sparta konnte sich nicht komplett isolieren, persische Dareiken und griechische Drachmen kamen in Umlauf. Erst um 300 v. Chr. begann Spartas König Areus I., eigene Silbermünzen zu prägen.

Obolus, Sparta, Ag
~1 g, ~300 v. Chr.

GELD AUS DEN KOLONIEN

Die Griechen gründeten ihre Kolonien im gesamten Mittel- und Schwarzmeerraum. Beim Handel mit Einheimischen entstanden neue Geldformen. Die Skythen (Nomadenstämme in der Schwarzmeersteppe) nutzten z. B. Pfeilspitzen als Tauschmittel.

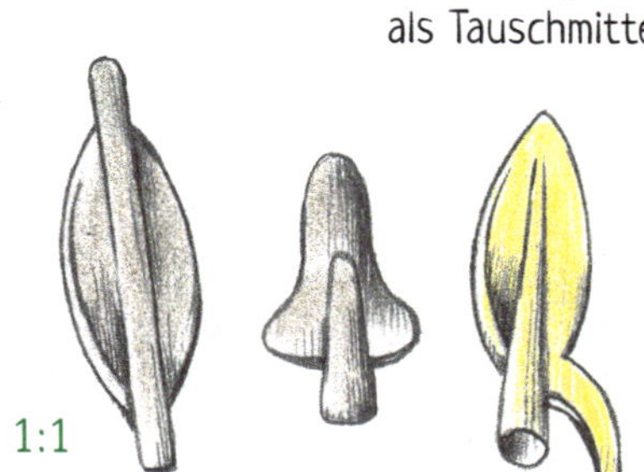

Pfeilspitzengeld, Skythen
Bronze, 6.–5. Jh. v. Chr.

Fischgeld, Olbia
Bronze, 5.–4. Jh. v. Chr.

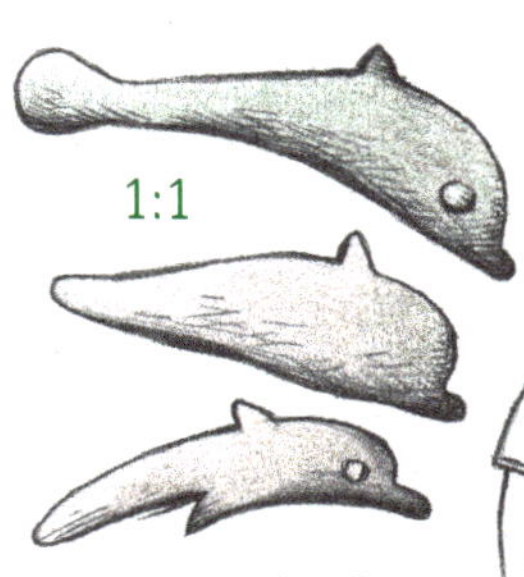

Delfingeld, Olbia
Bronze, 5.–4. Jh. v. Chr.

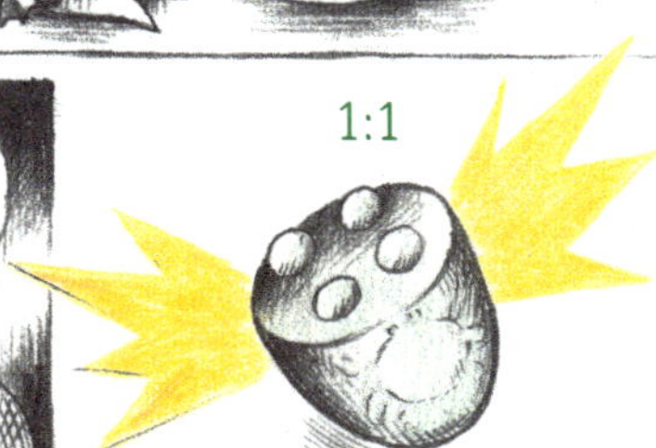

Trias (1/3 Litra / 4 Onkiai)
Akragas, Bronze, 12,3 g
~450 v. Chr.

In Sizilien nutzten die Griechen die italische Gewichtseinheit Litra (= 12 Onkiai).

Zum ersten Mal in der Geschichte wurde hier der Wert der Münze angegeben!

Tetras (1/4 Litra / 3 Onkiai)
Himera, Bronze, 10,5 g, ~430 v. Chr.

Hemilitron (1/2 Litra / 6 Onkiai)
Himera, Bronze, 4 g, ~410 v. Chr.

MIT BRONZE UND WAAGE

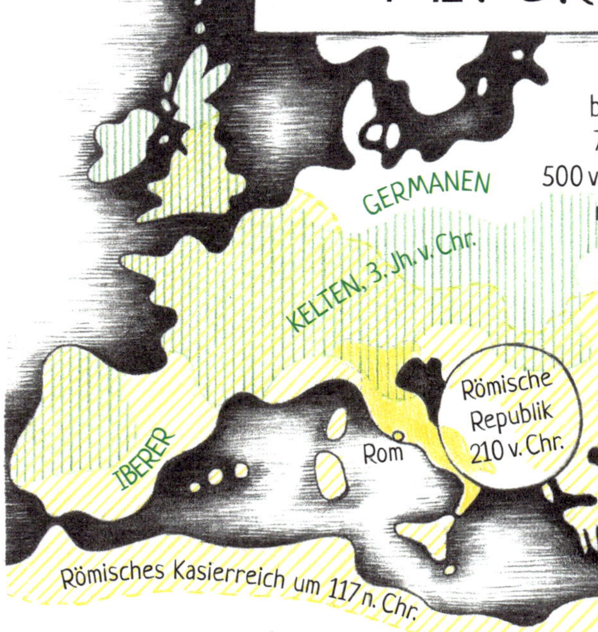

Die italienische Halbinsel wurde von zahlreichen Völkern besiedelt: Etrusker, Latiner, Picener, Sabiner und andere. 753 v. Chr. gründeten die Latiner das Städtchen Rom. Um 500 v. Chr. entstand die Römische Republik. Sie gewann immer mehr an Bedeutung und Macht, die benachbarten Völker wurden unterworfen und große Gebiete erobert: Das Römische Reich war geboren.

Im 8.–4. Jh. v. Chr. nutzten italische Stämme Rohkupfer und Bronze (Aes Rude) als Tauschware. Ab dem 6. Jh. v. Chr. gab man den Barren unterschiedliche Formen oder schmückte sie mit Bildern.

Um 450 v. Chr. begannen die Römer, ihr Leben durch Gesetze zu regeln, auch Strafen und Steuern gehörten dazu.

289 v. Chr. goss man die ersten runden Münzen aus Bronze (Aes Grave) in verschiedenen Nominalen.

Münzamt und Prägewerkstatt befanden sich im Tempel der Göttin Juno Moneta („die Warnende"). Den Beinamen verdankte sie den Tempelgänsen, die die Römer einmal vor einem Kelten-Angriff 390 v. Chr. gewarnt hatten. Bald hieß jede Münze „moneta". Aus diesem Begriff hat sich in vielen Sprachen ein Wort für Geld bzw. Münze entwickelt.

211 v. Chr. raubten die Römer große Mengen Silber in den griechischen Städten Siziliens, genug für eine eigene Silberwährung! Der Denar wurde eingeführt. Die Münzen trugen Wertzeichen in Zahlen.

Denar Ag, 3,9 g 10 Asse (X)

Quinar (1/2 Denar) Ag, 2,14 g 5 Asse (V)

Sesterz (1/4 Denar) Ag, 1,1 g 2,5 Asse (IIS)

Denar, Ag, 3,2 g, 46 v. Chr.

Aureus, Au, 7,75 g, 8 v. Chr.

Der Silberdenar wurde im ganzen Römischen Reich und im Gepäck der Legionäre und Händler über seine Grenzen hinaus als Hauptzahlungsmittel verbreitet und war für Jahrhunderte praktisch die Standardwährung. Kurz vor der Jahrtausendwende kam eine goldene Münze (der Aureus) unter Augustus (31 v. Chr. – 14 n. Chr.) hinzu. Die römische Währung nutzte nun regulär zwei Edelmetalle.

KELTENGELD

Die Kelten (über 150 Stämme in Europa) beherrschten Metallbearbeitung, trieben mal mit den Griechen und Römern Handel und waren mal im Krieg mit ihnen, hatten aber keinen eigenen Staat und galten bei den Römern als Barbaren.

Kelten waren als gute Krieger bekannt und wurden von den Griechen, Puniern und Römern gern für die Armee angeheuert. Keltische Söldner brachten das Münzwesen mit in ihre Heimat zurück.

Keltisches vormünzliches Geld

Tetradrachme, Donau-Kelten, Ag, 16,7 g ~100 v. Chr.

Tetradrachme, Thasos, Ag, 16,5 g, ~150 v. Chr.

Im 3. Jh. v. Chr. prägten die Kelten bereits selbst Münzen, meist Kopien der griechischen Vorbilder. Ab dem 1. Jh. v. Chr. verwendeten sie ganz selbstbewusst eigene Motive wie Triskele, Cernunnos u. a.

Stater „Regenbogenschüsselchen" Hessen, Au, 7,2 g, 1. Jh. v. Chr.

Quinar (1/2 Denar), „Tanzendes Männlein" Hessen, Ag, 1,6 g, ~60 v. Chr.

CERNUNNOS
keltischer Naturgott

57–53 v. Chr. wurden Gallien und andere keltische Gebiete von den Römern erobert. Nach der Münzreform von Kaiser Augustus 15 v. Chr. wurde auch ihr Geld zur alleinigen Angelegenheit des römischen Staates.

GELD IM MITTELALTER

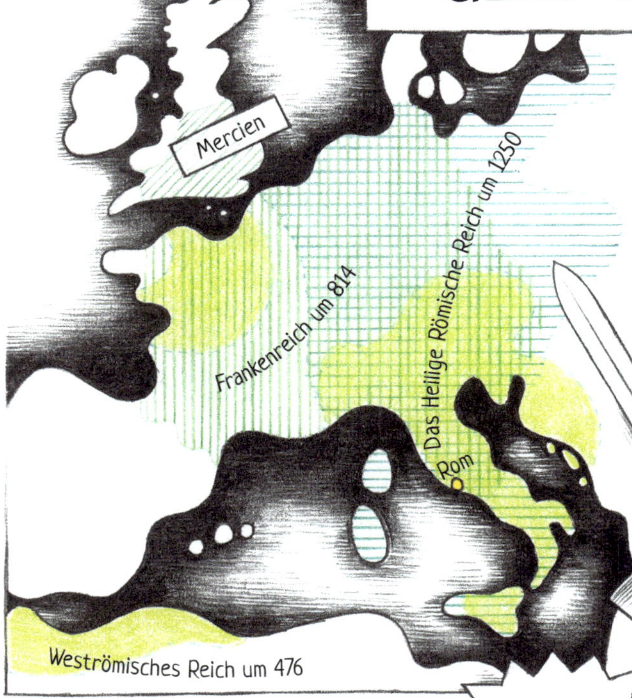

476 wurde das Weströmische Reich endgültig zerschlagen und unter „Barbaren" aufgeteilt. Kriege und Unruhen dauerten jedoch an, Infrastruktur, Verwaltung und Handel des ehemaligen Imperiums wurden in der Folgezeit zerstört. Geld spielte im frühen Mittelalter nur noch eine untergeordnete Rolle. Wichtige Wertmesser waren nun Haustiere und Sklaven.

Odoaker
Söldner, 433–493

Romulus Augustulus
Kaiser, 460–?

Das Christentum breitete sich ab dem 4. Jh. aus und wurde zur Hauptreligion.

Aksum (Äthiopien), Cu, 1,38 g, 4. Jh.
Die ältesten Münzen mit Kreuz-Darstellungen!

1:1

Denier, Karl der Große
Ag, 1,36 g, ~780

1:1

Denier, Ludwig der Fromme
Ag, 1,4 g, ~820

Karl der Große
Kaiser, ~747–814

Der Frankenkönig Karl eroberte große Teile Europas und eiferte den römischen Kaisern nach. Er vereinheitlichte 794 das Gewichts- und Währungssystem: Das Karlspfund (~408 g) wurde zur Haupteinheit.

KAROLINGISCHES MÜNZSYSTEM
Libra – Solidus – Denarius

1 Pfund = 20 Schillinge = 240 Pfennige
1 Pound = 20 Shillings = 240 Pence
1 Livre = 20 Sou = 240 Denier

Pfund und Schilling blieben lange Zeit nur Recheneinheiten, die entsprechenden Münzen gab es erst später.

Fast im gesamten deutschsprachigen Raum kamen im 12.–14. Jh. sehr dünne einseitig geprägte Pfennige auf: Brakteaten. Die lokalen Herrscher durften diese Münzen ausgeben und „verrufen" (für ungültig erklären). In Magdeburg machte man das z. B. zweimal im Jahr.

1:1

Brakteat-Pfennig
Magdeburg, Ag, 0,85 g, 1235–1254

Offa
König von Mercien, 757–796

637 fiel Jerusalem an die Araber. In der Folge riefen Papst, König und Kaiser zu mehreren Kreuzzügen auf: Religionskriege, um das „Heilige Land“ zurückzuerobern.

Um 1200 brachten Kreuzritter über 8 Tonnen geraubtes Silber nach Venedig.

Der venezianische Dukat wurde über fünf Jahrhunderte mit unverändertem Feingewicht und Münzbild geprägt – die stabilste Währung der Welt. Gulden und Dukaten verbreiteten sich schnell in ganz Europa.

Nikolaus von Oresme
Bischof, ~1330–1382

Johann II. der Gute
König Frankreichs
1319–1364

Franc, Au, 3,8 g
1360

GUTES GELD, GROSSES GELD

Im 15. Jh. begannen eine neue Kulturepoche, die Renaissance, und das „Zeitalter der Entdeckungen“. 1492 „entdeckte“ Christoph Kolumbus (1451–1506) Amerika. Die schnelle Expansion der Europäer auf den neuentdeckten Kontinenten, der plötzliche Zugang zu unermesslichen Ressourcen (Boden, Rohstoffe, Edelmetalle, Arbeitskraft) sowie die Verdrängung, Ausbeutung und Versklavung der Einheimischen veränderten die Welt.

Dank der neuen Seewege verfiel ganz Europa in einen Zucker- und Gewürzrausch. Die Europäer waren bereit, für Pfeffer und Zucker Tausende Kilometer zu reisen und Unsummen an Geld zu bezahlen. Sie schreckten auch nicht davor zurück, die Ureinwohner Amerikas und Afrikas zu quälen und zu töten. 1512 wurden die ersten Sklaven aus Afrika für die Arbeit auf Zuckerrohr-Plantagen nach Südamerika gebracht.

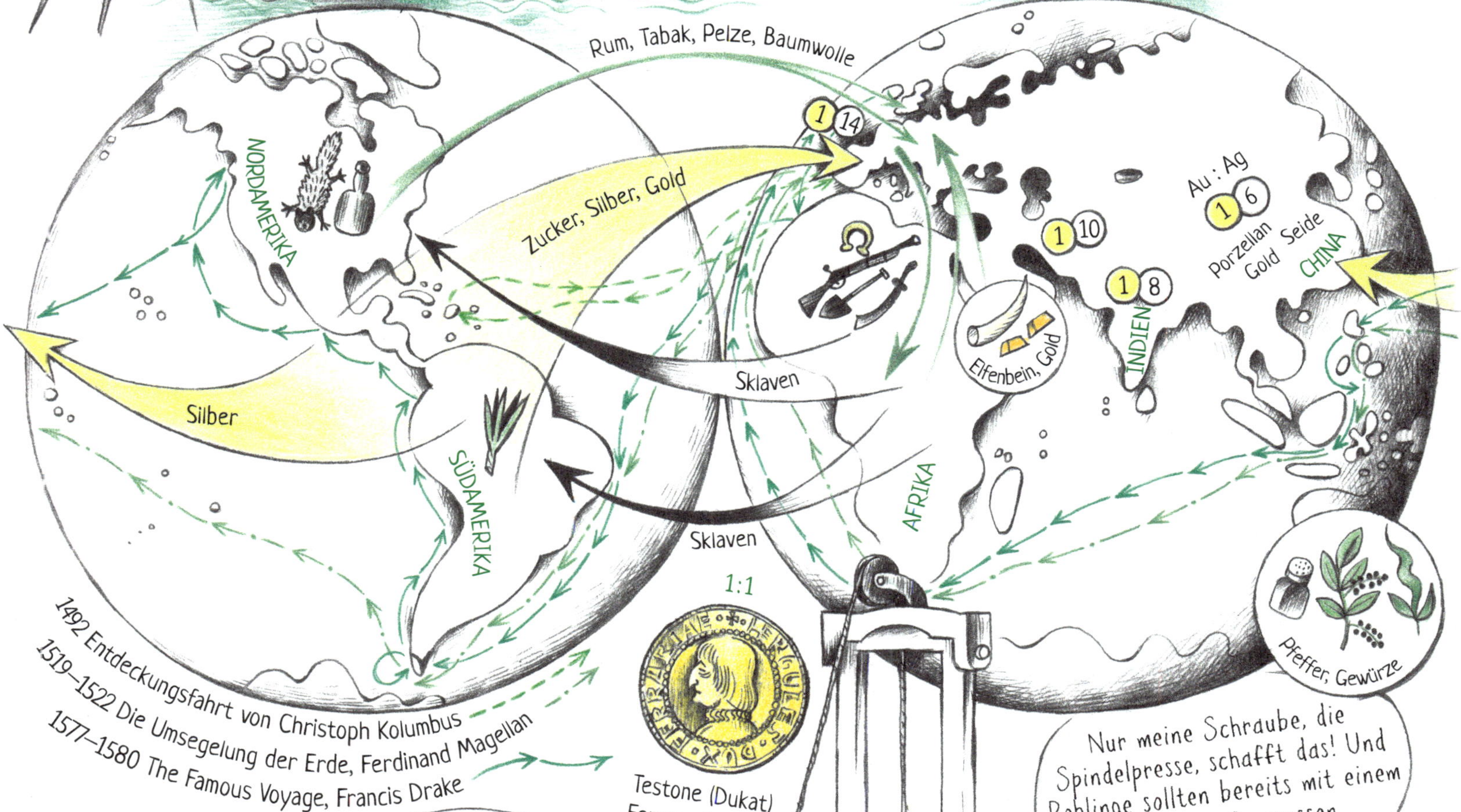

Für den Welthandel und all die exotischen Luxusartikel brauchte man immer mehr „gutes Geld“. Bergbau, Metallurgie, Münzprägung entwickelten sich rasant. Berühmte Künstler eiferten in der Folgezeit darum, die besten und schönsten Münzen in Medaillenqualität zu entwerfen, detailreiche Stempel herzustellen und verbesserte Prägetechniken zu entwickeln. Der neue Münztyp mit Herrscherporträt entstand.

TALER, DALER, DOLLAR

Gold war knapp in Europa, aber es gab reiche Silbervorkommen in den Alpen, dem Erzgebirge und dem Harz. Herzog Siegmund von Tirol (1427–1496) kam auf die Idee, für Goldmünzen einen Ersatz aus Silber auszugeben: eine große Kurantmünze, einen Guldengroschen. Besonders beliebt und verbreitet wurde der Guldengroschen aus der Bergstadt Sankt Joachimsthal (Jáchymov, Tschechien), „Joachimstaler" oder einfach „Taler" genannt. Dieser Münztyp dominierte etwa 400 Jahre lang den Welthandel.

Joachimstaler
Graf Stefan von Schlick
Ag, 931 ‰, 29,2 g, 1519

Leeuwendaalder (Löwentaler) Niederlande Ag, 750 ‰ 27,7 g, 1576

Écu (3 Livres), Frankreich Ag, 917 ‰, 27,4 g, 1643

Crown (5 Shilling), England Ag, 925 ‰, 27,9 g, 1662

Mangels Silber nutzten die Russen verschiedene Talermünzen, die sie mit einem Gegenstempel versahen und Jefimki (Joachimchen) nannten. Die ersten Rubel-Silbermünzen wurden in Russland erst 1704 ausgegeben.

Jefimok, Russland: Reichstaler, Sachsen Ag, 889 ‰, 28,9 g, 1632 + Gegenstempel

Landgraf Friedrich II. von Hessen-Kassel (1720–1785) verkaufte seine Landsleute als Soldaten nach Amerika, wo sie im Amerikanischen Unabhängigkeitskrieg (1775–1783) auf der britischen Seite kämpfen mussten. Rekrutierungsgelder und Entschädigungen für die Gefallenen wurden in hessischen Talern (sog. Sterntalern) bezahlt. Die Amerikaner nannten diese Münzen sehr treffend „Blood Dollars".
Das Brüder-Grimm-Märchen „Die Sterntaler" stammt aus Hessen und soll auf diese Ereignisse zurückgehen.

Sterntaler, Hessen-Kassel, Ag, 736 ‰, 23,8 g, 1778

Der Maria-Theresien-Taler war bis 1858 gesetzliches Zahlungsmittel in Österreich und eine in Asien und Afrika bis in das 20. Jh. verbreitete Handelsmünze.

25 Piaster
Sultanat Oman, ~1900:
Maria-Theresien-Taler
Ag, 833 ‰, 28 g, 1780
+ Gegenstempel

Tallero (5 Lire)
Italienisch-Eritrea
Ag, 800 ‰, 28,1 g, 1891

Birr, Äthiopien
Ag, 835 ‰, 28,1 g, 1894

BÖSES GELD, SCHLECHTES GELD

Schon griechische Poleis und römische Kaiser bereicherten sich, indem sie Gewicht oder Feingehalt der Münzen bei unverändertem Nennwert verringerten. So wurde z. B. der römische Silberdenar mit immer mehr Kupfer legiert.

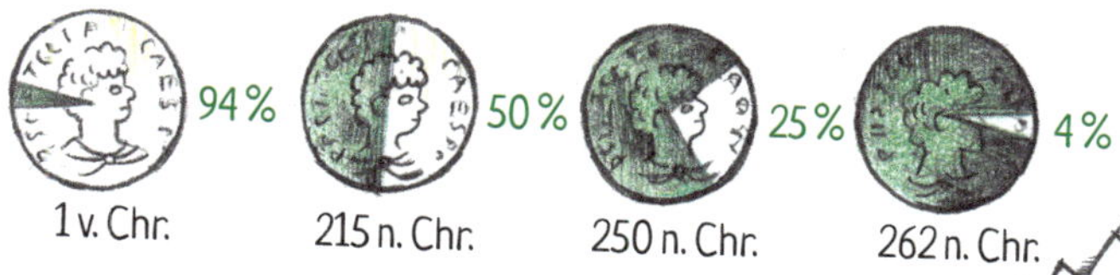

Während seiner Terrorherrschaft war Kaiser Caracalla (188–217 n. Chr.) auf die Gunst seiner Soldaten angewiesen. Um Armee und Kriege zu finanzieren, schuf er eine neue Silbermünze: den Bicharactus (Antoninian). Sie sollte 2 Denare wert sein, wog aber nur so viel wie 1,5.

Antoninian
Bronze, 3,5 g, 267 n. Chr.

SCHINDERLINGE (1457–1460)

Zwei Habsburger Brüder – Albrecht VI. (1418–1463), Erzherzog von Österreich, und Friedrich III. (1415–1493), Kaiser des Heiligen Römischen Reiches – konnten sich nicht über ihr Erbe einigen. Zwist, Kriege und Geldmangel waren die Folge. Beide ließen minderwertige Münzen (Schinderlinge) prägen, was zu starker Inflation und zum Kollaps der Wirtschaft führte.

Der bösen müntz war sovil geschlagen, daß wie vil man heut umb 1 Gulden gab, so gab man morgens 30 Pfennig mehr darumb.

Pfennig von Friedrich III.
AgCu, 0,46 g
~1460

ALTE KUPFERNASE

Testoon (Schilling), AgCu, 7,7 g, 1545

Heinrich VIII.
König von England, 1491–1547

Thomas Wolsey
Kardinal, Lordkanzler
1475–1530

KIPPER UND WIPPER

Sie trieben während des Dreißigjährigen Krieges (1618–1648) Silber für die Münzherren auf: Beim Wiegen der Geldstücke („Wippen“) sortierten („kippten“) sie guthaltige Münzen aus. Um Geld für Kriegszwecke zu beschaffen, brachten viele Herrscher „böses Geld“ in Umlauf. Sie verringerten den Silbergehalt oder schlugen „Silbermünzen“ aus weißgesottenem Kupfer. Um die Herkunft solcher Münzen zu verschleiern, prägten sie manchmal ein fremdes oder erfundenes Wappen darauf oder ersetzten die Umschriften durch Sinnsprüche. In den nur zwei Kipper-und-Wipper-Jahren 1620–1622 stiegen die Preise um das Fünffache.

1:1

12 Kreuzer Braunschweig-Wolfenbüttel mit dem Wappen der Grafschaft Hohnstein (die seit 1593 nicht mehr existierte), AgCu, 2 g, 1620

ROTER SEUFZER

Friedrich August I. (1670–1733), Kurfürst von Sachsen, brauchte Geld für den Krieg gegen Schweden. Das Ausgeben von Münzen mit geringem Silbergehalt brachte ihm einen Reingewinn von 236 000 Talern ein. Er sparte fast 7 Tonnen reines Silber! Auf dem Markt wurden die Münzen auf ein Drittel ihres Wertes herabgesetzt.

Roter Seufzer 6 Pfennige Sachsen Cu, 1,40 g 1702

1:1

EPHRAIMITEN

Um den Siebenjährigen Krieg (1756–1763) zu finanzieren, verpachtete Friedrich der Große (1712–1786), König von Preußen, die Münzstätte Leipzig an die Geschäftsleute Veitel Ephraim, Daniel Itzig & Co. Sie prägten auf Geheiß seiner Majestät minderwertige sächsische und polnische Münzen mit falschen Jahresangaben nach und brachten diese im Volksmund „Ephraimiten“ genannten Münzen in Umlauf. Unmengen von Falschgeld sorgten für große Verunsicherung.

GRESHAMSCHES GESETZ

Thomas Gresham Finanzberater der englischen Könige 1519–1579

Taqi ad-Din Ahmad ibn Taimiya Universalgelehrter, 1263–1328

Arai Hakuseki Ökonom, 1657–1725

KUPFERWIRREN

In Kriegen und Wirren des 16. und 17. Jh. ging den Regierungen immer wieder das Geld aus. In deutschen Ländern gab es Silberminen für Nachschub, die Spanier beuteten rücksichtslos die Silberminen in ihren Kolonien in Südamerika aus, aber Schweden und Russland (Erzfeinde, die insgesamt 18 Kriege gegeneinander führten) hatten nur Kupfer …

SCHWEDISCHE PLÅTMYNTEN

Ab 1644 wurde der Daler aus Kupfer hergestellt. Das Nominal sollte dem tatsächlichen Metallwert entsprechen. Die „Münzen" sahen wie große Metallplatten aus. Über 44 000 Tonnen Kupfer wurden dafür verarbeitet. Die Plattenmünzen blieben bis 1777 in Umlauf.

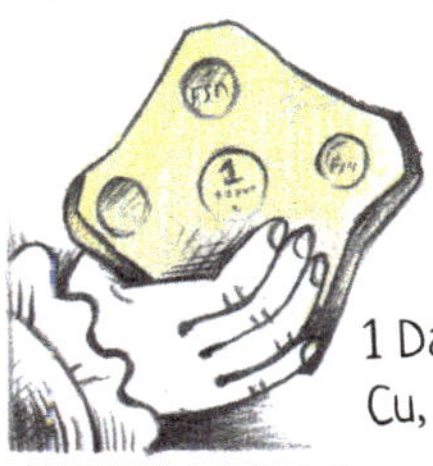

10 Daler S. M. Cu, 19,7 kg 65 x 35 cm

1 Daler S. M. Cu, 1,97 kg, 15 x 13 cm

RUSSISCHER KUPFERAUFSTAND

In Russland verarbeitete man importiertes Silber zu kleinen Kopeken, Tscheschujki („Schüppchen") genannt. Die Russen nutzten auch gegengestempelte fremde Taler.

Der Aufstand in Moskau wurde mit aller Härte niedergeschlagen. Mehr als 1000 Menschen wurden getötet, Tausende verhaftet und gefoltert. Der Zarenerlass wurde trotzdem nicht beachtet. Die Preise stiegen. Für 1 Rubel in Silber gab man 30 Rubel in Kupfer. 1663 musste die Regierung die Kupferkopeken abschaffen.

SCHWEDISCHER KRIEGSDALER

Karl XII.
König von Schweden
1682–1718

Georg Heinrich von Görtz
Bevollmächtigter des Königs
1668–1719

1715–1719 wurden die Notdaler geprägt. Der erklärte Wert war hundertfach höher als der tatsächliche Materialwert. Zehn Typen dieser Münze wurden mit allegorischen Figuren und Propagandasprüchen geschmückt.

1 Daler S. M., Cu, 3,6 g, 1717

Die unkontrollierte Emission wertloser Münzen ruinierte die schwedische Wirtschaft.

Von Görtz wurde zum Sündenbock erklärt und hingerichtet. Die Notdaler wurden eingezogen.

RUSSISCHE PLATTENMÜNZEN

1 Kopeke
Cu, 16 g, 1726

1725–1727 brachten die Russen ihre Plattenmünzen heraus, mussten sie aber bald wieder einziehen und einschmelzen, weil keiner sie haben wollte.

1 Rubel, Cu, 1,6 kg
18 x 18 cm, 1725

KUPFERMÜNZE DES FREIHEITSTRAUMS

José María Morelos
Priester, Generalissimus, Regierungschef
1765–1815

Während des Mexikanischen Unabhängigkeitskrieges gab die Alternativregierung 1811–1815 grobe Kupfermünzen „im Wert der Silbernen“ heraus, um ihren Kampf zu finanzieren. Der versprochene Triumph der Revolution blieb allerdings aus, der Anführer Morelos wurde bei einem Aufstand erschossen.

2 Reales, Cu, 8,7 g, 1812

FLIEGENDES GELD

Seit Menschen schreiben, gibt es Rechnungen, Liefer- und Schuldscheine. Auch in China machten Kaufleute früh davon Gebrauch. Der erklärte Wert der Käsch-Münzen hatte ohnehin nie dem tatsächlichen Metallwert entsprochen. „Vertrauen“ bzw. die Angst vorm Kaiser sorgten dafür, dass der Handel trotzdem funktionierte.

Um 1024 gab das kaiserliche Büro das vermutlich älteste reguläre Papiergeld (Jiaozi) in verschiedenen Nominalen heraus. Dieses „Fliegende Geld“ wurde auf Papier aus Maulbeerbaumrindenfaser gedruckt. Ein 1000-Käsch-Schein ersetzte 25 Kilo Münzen! Auf seine Fälschung stand die Todesstrafe.

Marco Polo, Kaufmann, 1254–1324

Marco Polos Bericht über seine Reise nach China aus dem Jahr 1299 wurde in viele europäische Sprachen übersetzt und machte das Papiergeld in Europa bekannt.

KURZE PARTY IN TÄBRIS

Ilkhan Gaichatu (?–1295) vertrat den Großkhan Kublai (einen Enkel Dschinghis Khans) im Westen des Mongolischen Reiches (Persien, Anatolien).

Die Perser trauten dem Papiergeld nicht, es wurde schnell wertlos. Die Preise stiegen aufs Zehnfache, der Handel brach zusammen, Unruhen breiteten sich aus. Schließlich wurde der Ilkhan von Verschwörern umgebracht.

YAMADA-HAGAKI UND HANSATSU

Um 1600 gaben die Kaufleute der japanischen Hafenstadt Yamada (heute Ise) wegen des Münzmangels Hagaki (Zahlungsversprechungen) aus. Tempel, Klöster, Händlerverbände, Privatpersonen und schließlich die lokalen Herrscher im ganzen Land machten es nach. Die ersten Hansatsu (Fürstentum-Scheine) erschienen 1661 und blieben als regionale Währung bis zum Verbot 1873 in Umlauf.

DAS ERSTE PAPIERGELD EUROPAS

Johan Palmstruch (Hans Wittmacher, 1611–1671), entstammte einer deutsch-polnisch-litauischen Finanzier-Familie. Finanzdelikte brachten ihn in Amsterdam für mehrere Jahre ins Gefängnis. Nach der Freilassung suchte er in Schweden sein Glück.

Die Kreditzettel wurden bereits 1667 wieder ungültig. Die Bank war bankrott. Palmstruch wurde verhaftet und zum Tode verurteilt, später aber begnadigt. Die schwedische Regierung übernahm seine Bank.

So wurde dank eines Schwindlers und einer Pleite 1668 die älteste Nationalbank Europas gegründet, die schwedische Riksbank. Die Ausgabe der Geldscheine diente seitdem der Finanzierung des Staates, meist in Zusammenhang mit Kriegen und Wirtschaftskrisen.

NEUE WELT, NEUES GELD

Portugal, Spanien, England, die Niederlande u. a. kämpften erbittert um Kolonien in der Neuen Welt. In Mittel- und Südamerika erbeuteten die Spanier alles Gold und Silber, das sie an sich bringen konnten. Sie plünderten die Städte der Maya, Inka und Azteken und zwangen die Menschen zur Arbeit in den Minen. Die Edelmetalle wurden mehr als zwei Jahrhunderte tonnenweise nach Europa verschifft – allein über 45 000 Tonnen Silber!

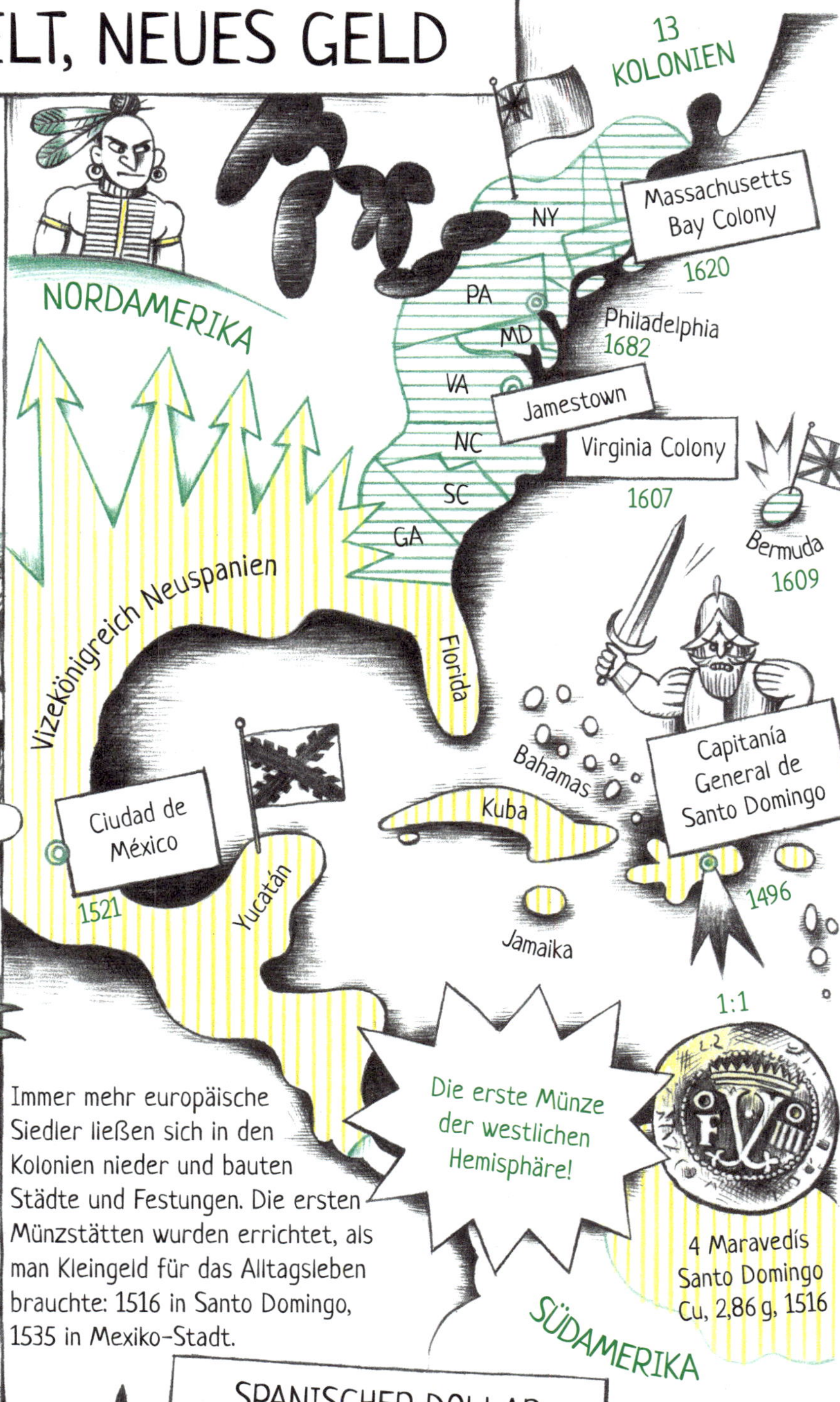

Immer mehr europäische Siedler ließen sich in den Kolonien nieder und bauten Städte und Festungen. Die ersten Münzstätten wurden errichtet, als man Kleingeld für das Alltagsleben brauchte: 1516 in Santo Domingo, 1535 in Mexiko-Stadt.

MACUQUINAS

SPANISCHER DOLLAR

Sehr populär wurde im 16. bis 18. Jh. die große talerartige Silbermünze zu 8 Reales (bekannt auch als spanischer Dollar, Pillar Dollar, Columnario, Piaster, Dólar Español, Peso Duro, Piece of Eight etc.). Sie breitete sich weltweit aus, u. a. in Nordamerika. Mangels Kleingeld zerschnitt man die großen Münzen oft in verschieden große „Pizzastücke" oder stempelte sie gegen, um sie in den anderen Kolonien zirkulationsfähig zu machen.

Macuquinas, „Schiffsgeld" oder Cobs (grobe, von Barren abgeschnittene und mit einem Münzstempel gehämmerte Rohlinge), wurden im 16. bis 18. Jh. tonnenweise in südamerikanischen Minen hergestellt und nach Europa verschifft, wo man sie in gängige Münzen umprägte. Viel Silber gelangte über den Seehandel weiter nach China. Wegen des hohen Silbergehaltes nutzte man Macuquinas gern auch als Zahlungsmittel und Wertanlage bis nach Russland.

8 Reales, Mexiko, Ag, 27 g, 1771

1607 wurde die erste englische Siedlung in Nordamerika, Jamestown, gegründet. Es gab dort weder Gold noch Silber, der Boden war für Ackerbau nicht geeignet. Nur Tabak gedieh gut und wurde zum Exportschlager. Damals war Tabak sehr teuer und wegen seiner vermeintlich heilsamen Wirkung in Europa begehrt. 1619 kauften die Virginia-Kolonisten die ersten 20 Sklaven aus Afrika. Die Sklavenarbeit machte die Erweiterung der Tabakplantagen möglich. Bis zur Abschaffung der Sklaverei 1865 wurden etwa 20 Mio. Afrikaner nach Amerika verschleppt. Geraubte Arbeit der Sklaven und Landraub von den Ureinwohnern waren die Grundlagen des Wohlstands der USA.

Die Verbindung der Kolonien zur alten Heimat war sehr lose. Es fehlte vieles, u. a. Bargeld. Eigene Münzen durften die Kolonisten aber nicht prägen. So zahlten sie in spanischen Dollar oder nutzten Biberfelle, Wampum und Tabak als Geld.

BERMUDAS SCHWEINCHEN

1609 lief das Schiff Sea Venture vor den Bermudainseln auf Felsen. Alle 150 Kolonisten und ein Hund konnten sich retten. Sie überlebten auf einer der Inseln, weil es dort verwilderte Schweine gab. 1615 wurden Münzen für die kleine Kolonie geprägt: das erste Geld des englischen Nordamerika.

Shilling (12 Pence) Bermuda, CuSn, 4,4 g 1615

NEW ENGLAND

1652 beschlossen die „Neuengländer“ trotz Verbots, eigene Münzen zu prägen, zunächst einfache Silberrohlinge mit dem Stempel „NE“ (New England). Später kamen Münzen mit Weide-, Eiche- und Kiefer-Darstellungen hinzu.

Shilling (12 Pence) Massachusetts, Ag, 4,6 g, 1652

CONTINENTAL CURRENCY

Auch bei der Ausgabe von Papiergeld lag Massachusetts 1690 ganz vorn. Die anderen Kolonien folgten: South Carolina 1703, New York 1709 usw. Für die Finanzierung des Unabhängigkeitskrieges gegen England gab der Kongress der 13 Kolonien eigenes Papiergeld (Continental Bills) aus. Als Recheneinheit galt der Spanish Milled Dollar.

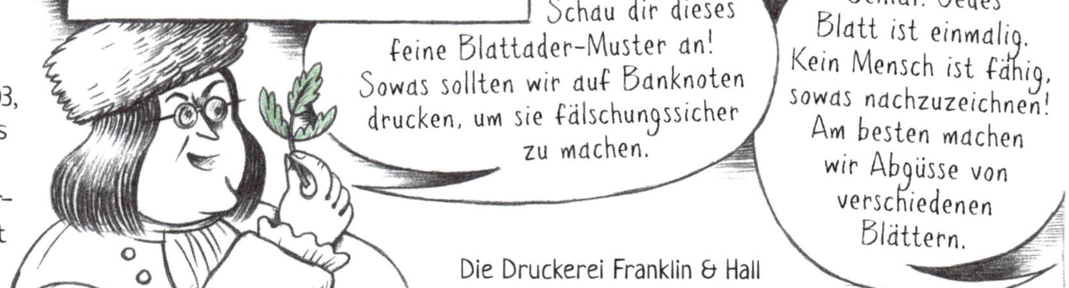

Benjamin Franklin
Verleger, Wissenschaftler, Politiker, Gründervater der USA, 1706–1790

Die Druckerei Franklin & Hall in Philadelphia druckte Kolonialbanknoten und 1775–1779 auch die „Kontinentalwährung“ der abtrünnigen Kolonien mit einem einzigartigen Fälschungsschutz.

1776 erklärten sich die befreiten Kolonien zu den Vereinigten Staaten von Amerika. 1785 wurde der Dollar als US-Währung eingeführt. 1792 wurde ein Gesetz erlassen, das das Münzwesen regelte. Die Verwendung des spanischen Dollars wurde aber erst 1857 in den USA beendet.

Fugio-Cent, Cu, 10,2 g, 1787
Die erste autorisierte Münze der USA

RAUB, BETRUG, FÄLSCHUNG

Seitdem es Eigentum und Geld gibt, gibt es auch Habgier und Verbrechen: Raub, Diebstahl, Piraterie, Banküberfälle, Geldfälschung … Selbst Kapuzineraffen haben ihre Forscher betrogen, sobald sie verstanden, wie Bezahlen funktioniert: Sie versuchten, ihnen unauffällig eine Gurkenscheibe statt einer Münze anzudrehen.

Moderne Banknoten kann man nicht mehr mit einem Bügeleisen kopieren. Sie tragen aufwendige Sicherheitsmerkmale: (1) fühlbares Relief, (2) Wasserzeichen, (3) Omron-Ringe, (4) Smaragdzahl, (5) Sicherheitsfaden, (6) Mikrotext, (7) Satelliten-Hologramm, (8) Porträt-Fenster usw. Trotzdem wurden 2019 über 500 000 gefälschte Euro-Banknoten sichergestellt!

NAPOLEONS KRUMME GESCHÄFTE

OPERATION BERNHARD

142 jüdische Häftlinge (Künstler, Bankberater, Drucker, Fotografen) mussten im KZ Sachsenhausen ausländische Währungen und Dokumente fälschen. Zwischen 1942 und 1945 haben sie über 100 Mio. britische Pfund hergestellt. Die „Operation Bernhard" war die größte Geldfälschungsaktion der Geschichte.

Gegen Ende des Krieges wurde die gesamte Ausrüstung der Operation Bernhard und das noch vorhandene Falschgeld im Toplitzsee in Österreich versenkt. Fast alle Häftlinge überlebten und wurden befreit. Krüger verbrachte einige Jahre in Haft und arbeitete anschließend als Buchhalter in der Papierfabrik Hahnemühle, die das Papier für die Fälschungen geliefert hatte. Der Weltenbummler Salomon Smolianoff blieb seiner Profession treu und tauchte mal in Palästina, mal in Italien mit falschen Dollarscheinen auf. Später handelte er in Uruguay mit gefälschten russischen Ikonen. Zuletzt besaß er einen Spielzeugladen in Brasilien.

SCHULDEN, ZINSEN, BANKEN

Produktionswirtschaft bedeutet Zuwachs. Hatte man Saatgut o. ä. geborgt, sollte man oft etwas mehr zurückgeben, für zehn Säcke Gerste z. B. elf Säcke retour. Schulden, Kredite (geborgte Güter) und Zinsen (Kreditkosten) waren schon im Alten Mesopotamien bekannt. Gezahlt wurde in Naturalien oder mit der eigenen Arbeitskraft, im schlimmsten Fall als Sklave.

Die religiösen Zinsverbote in Judentum, Christentum und Islam wurden vielfach umgangen oder gleich ganz ignoriert.

Durch die kommerzielle Revolution und den regen Handel bekam das Münzgeld immer mehr Bedeutung, viele fremde (gute und schlechte) Münzen waren in Umlauf. Ein Geldwechsler verglich und wechselte Münzen, verlieh Geld gegen Zinsen oder verwahrte das Geld der Kaufleute. Wechseltische (it. banco) gab es bald auf jedem Markt. Daraus entwickelten sich international agierende Unternehmen: die Banken. Die Wiege dieses europäischen Bankgeschäfts war Italien.

BUCHGELD

1609 gründete die Stadtverwaltung Amsterdams eine Bank und führte die Verrechnungswährung Bankgulden (= 10,15 g Feinsilber) ein. Dieses Buchgeld existierte nur in den Büchern der Bank. Die Summe der eingezahlten Münzen wurde auf einem Einlegerkonto in Bankgulden gutgeschrieben. Man konnte das Buchgeld von einem Konto auf das andere umschreiben (bargeldlose Zahlung!) und in eine beliebige Währung umrechnen. Bald gab es derartige Banken überall in Europa.

BANK OF ENGLAND

1694 war England nahezu bankrott, aber der König brauchte dringend Geld für den Krieg gegen Frankreich. Britische Kaufleute liehen ihrem Regenten 1,2 Mio. £ zu 8 % Zinsen jährlich. Mit dieser Garantie wurde eine Bank gegründet und Banknoten nach dem schwedischen Vorbild herausgegeben. Heute ist diese 1946 verstaatlichte Bank die Zentralbank des Vereinigten Königreichs.

BANKSYSTEM

Vom 19. Jh. an liegt die Kontrolle über das Bankwesen und das Monopol für die Banknotenausgabe beim Staat. Banksysteme verschiedener Länder sind unterschiedlich organisiert, aber es gibt in jedem Land eine Zentral- bzw. Nationalbank, „Bank der Banken", die die Währungs- und Geldpolitik des Landes bestimmt und die Arbeit der Banken kontrolliert.

AKTIENGESELLSCHAFTEN

Kaufleute haben sich seit jeher zusammengetan, um ihre Reisen zu finanzieren und sicherer zu machen. Berühmt und mächtig war z. B. die Deutsche Hanse (12.–17. Jh.). In vielen englischen Hafenstädten wurden Gesellschaften der „kaufmännischen Abenteurer" (Merchant Adventurers) zum Erschließen der neuen Seewege und Märkte gegründet.

Im Hochmittelalter schlossen italienische Kaufleute sich im Seehandel zu einer Accomenda zusammen: Sie setzten einen Vertrag auf, bei dem ein Investor jemandem sein Geld oder seine Ware anvertraute. Der Investor bekam dafür einen Anteil vom Gewinn.

KUX – VORLÄUFER DER AKTIE

Die Förderung der Bodenschätze galt neben der Münzprägung fast überall als königliches Monopol. In deutschen Ländern durfte ein Bergbaulustiger mit einem gültigen Schürfschein nach Bodenschätzen suchen. Fand er eine Lagerstätte, durfte er das Grubenfeld selbst bearbeiten. Allein war das kaum zu finanzieren, also wurden Anteile (Wertpapiere) am Bergwerk verkauft: die Kuxe. Ein Kux lautete nicht auf einen bestimmten Betrag: Gewinne wie Verluste wurden zwischen Anteilseignern aufgeteilt. Der Landeigentümer erhielt zur Entschädigung Ackerkuxe und häufig wurde ein Freikux (ohne Zubußepflicht) an die Armenkasse des zugehörigen Ortes gespendet.

MUSCOVY COMPANY

1551 beschlossen 240 Londoner Kaufleute, neue Handelswege nach China und Indien zu suchen. Um das Vorhaben zu finanzieren, wurden Anteile (Aktien) zu je 25 £ ausgegeben: So kamen 6000 £ zusammen. Drei Schiffe wurden auf den Umweg über den Arktischen Ozean losgeschickt, aber nur eines erreichte Archangelsk in Russland.

VEREENIGDE OOSTINDISCHE COMPAGNIE

1602 wurde die VOC in den Niederlanden gegründet. Es war ein völlig neues Unternehmen: eine Aktiengesellschaft, die keiner Familie oder Privatperson, sondern allen Investoren zusammen gehörte. Die VOC wurde zum größten Privatunternehmen ihrer Zeit, mit eigener Münze, eigener Armee und eigener Kriegs- und Handelsflotte (1772 Schiffe!). Um Profit zu erzielen, schreckte die Compagnie auch nicht vor Plünderungen und Piraterie zurück.

1:1

1/2 Duit, VOC, Ag, 1,55 g
1756

MÄRKTE UND BÖRSEN

Märkte, Jahrmärkte und Messen sind wichtige Drehscheiben des Handels. Gemüse, Weizen, Zucker, Baumwolle, Eisen, Kupfer etc. wurde verkauft, ohne dass die Ware vor Ort sein musste. So entstand die Warenbörse.

HUIS TER BEURZE

Der Kaufmann van der Beurze betrieb in Brügge zwei Hotels für Kaufleute. Hier trafen sich Geschäftsmänner aus ganz Europa, tauschten Informationen, schlossen Verträge, betrieben Wechsel-Handel. Diese Versammlungen wurden im Laufe des 14. Jh. zu einer festen Institution. 1531 zog die „Beurze" nach Antwerpen und 1612 nach Amsterdam um: die erste Wechselbörse der Welt.

DOJIMA-REISBÖRSE

Reis ist in Japan seit jeher ein Grundnahrungsmittel. Die durchschnittliche Jahresmenge Reis pro Person, 1 Koku (180 l, ca. 150 kg), galt jahrhundertelang als Vermögenseinheit. Der Reis wurde in Strohballen von ca. 50 kg gelagert und gehandelt. In den Großstädten entstanden große Reismärkte. Erst wurde dort tatsächlich Reis verkauft. Dann begann man, zukünftige Ernteerwartungen zu handeln, um sich gute Preise für die kommende Ernte zu sichern. Solche Terminverträge konnten mehrmals weiterverkauft werden.

Die Dojima-Reisbörse in Osaka war 1730 die erste Terminbörse. Über 1000 Zwischenhändler und Großhändler trafen sich dort. Bei Börsenschluss wurden die Händler mit Wasserspritzern auseinandergetrieben.

NEW YORK STOCK EXCHANGE

Der Unabhängigkeitskrieg der nordamerikanischen Kolonien war sehr teuer. Kriegsanleihen waren der Anfang vom Wertpapiermarkt in den jungen Vereinigten Staaten. 1792 schlossen 24 Broker (Zwischenhändler) in New York ein Abkommen und fingen an, mit Aktien und Anleihen zu handeln. Heute ist die Börse an der Wall Street die größte Wertpapierbörse der Welt. 2020 war der Marktwert der gehandelten Unternehmen 25 000 000 Mio. US$. Täglich werden dort bis zu 6 000 Mio. US$ umgesetzt.

An einer Wertpapierbörse werden heute vor allem Aktien, Anleihen und Zertifikate und andere Wertpapiere gehandelt. Termingeschäfte werden meist an speziellen Terminbörsen gehandelt. Manche spekulieren dort, „wetten" also auf das Steigen oder Fallen der Preise (Bullen- oder Bärenmarkt), andere sichern sich gegen Preisschwankungen ab. Bei einem abrupten Kursabfall spricht man von einem

ANALYSEN UND PROGNOSEN

GOTT DER MÄRKTE

An der Börse ist das Risiko hoch, völlig danebenzuliegen. Die Käufer und Verkäufer hätten gern etwas mehr Sicherheit. Aus diesem Grund erfand der japanische Reisgroßhändler Munehisa Homma (1724–1803), „Gott der Märkte“ genannt, die Börsenanalyse.

Homma entwickelte eine Methode, um Preisentwicklungen darzustellen und vorherzusagen: die Kerzendiagramme. Sie werden auch heute noch verwendet.

Um über die Preise auf der Dojima-Reisbörse jederzeit informiert zu sein, baute Homma zwischen Osaka und seiner ca. 800 km entfernten Heimatstadt Sakata ein Nachrichtensystem auf. Eine Nachricht konnte so in wenigen Stunden übermittelt werden.

DOW-JONES-INDEX

Der Journalist Charles Dow (1851–1902) und der Statistiker Edward Jones (1856–1920) gaben den ersten Börsenbrief (später The Wall Street Journal) heraus, in dem sie Berichte von der New Yorker Börse und ihre Empfehlungen publizierten. 1884 berechneten sie zum ersten Mal den Durchschnittskurs der elf umsatzstärksten Unternehmen. Dieser Aktienindex zeigt, wie es der Wirtschaft eines Landes geht. Heute setzt sich der Dow-Jones-Index (DJI) aus 30 der größten Unternehmen der USA zusammen.

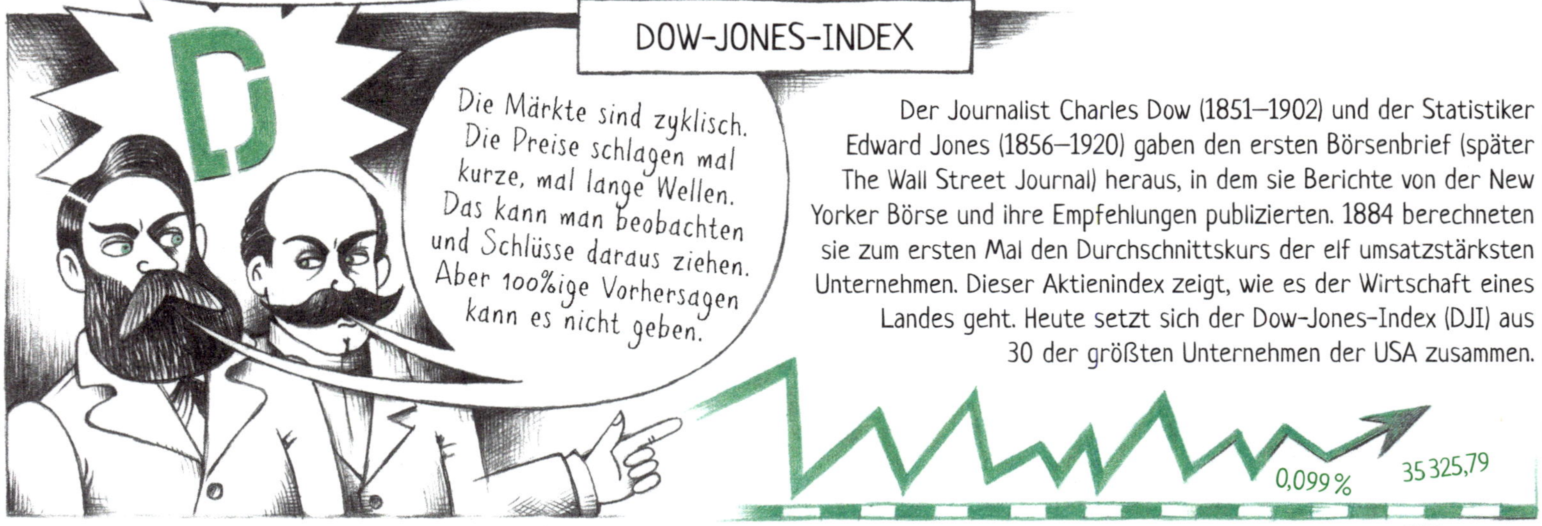

DAX UND ANDERE TIERE

Wie die Stimmung in der deutschen Wirtschaft aussieht, zeigt der DAX (Deutscher Aktienindex), der die 40 größten deutschen Aktiengesellschaften erfasst: Allianz, SAP, Siemens usw. Seit 2006 wird der DAX jede Sekunde neuberechnet und laufend auf verschiedenen Kanälen veröffentlicht. In anderen Ländern gibt es eigene Indizes: EGX 30 in Ägypten, Nikkei 225 in Japan, BELEX 15 in Serbien usw.

KRISEN UND BLASEN

TULPENMANIE

Tulpen wurden in Europa erst im 16. Jh. bekannt und fanden sofort viele Liebhaber. Besonders die Niederländer waren davon ganz besessen und bereit, viel Geld dafür auszugeben. Es entstand ein reger Handel mit Terminverträgen. Tulpenzwiebeln, die nicht mal gewachsen waren, wurden bereits mehrfach verkauft – mit Profit für die Zwischenhändler („Floristen").

WÄHRUNGEN DER WELT

[Stand 2021]

B WIE BALBOA

1 Afghani, Ag 10 g, 1926

Die Währung Panamas ist nach dem spanischen Konquistador Vasco Núñez de Balboa (1475–1519) benannt. US-Dollar sind in Panama ebenfalls offiziell in Umlauf. Es gibt keine Balboa-Scheine, nur Münzen. Auf der kleinsten (1/100 Balboa) ist Ubarragá Maniá Tigrí aka Urracá (~1490–1531) porträtiert. Er war Häuptling des indigenen Volkes der Ngäbe, das mehrere Jahre erfolgreich gegen die Spanier kämpfte.

Balboa, Ag, 26,73 g, 1970

Centésimo de Balboa CuZn, 2,5 g, 2017

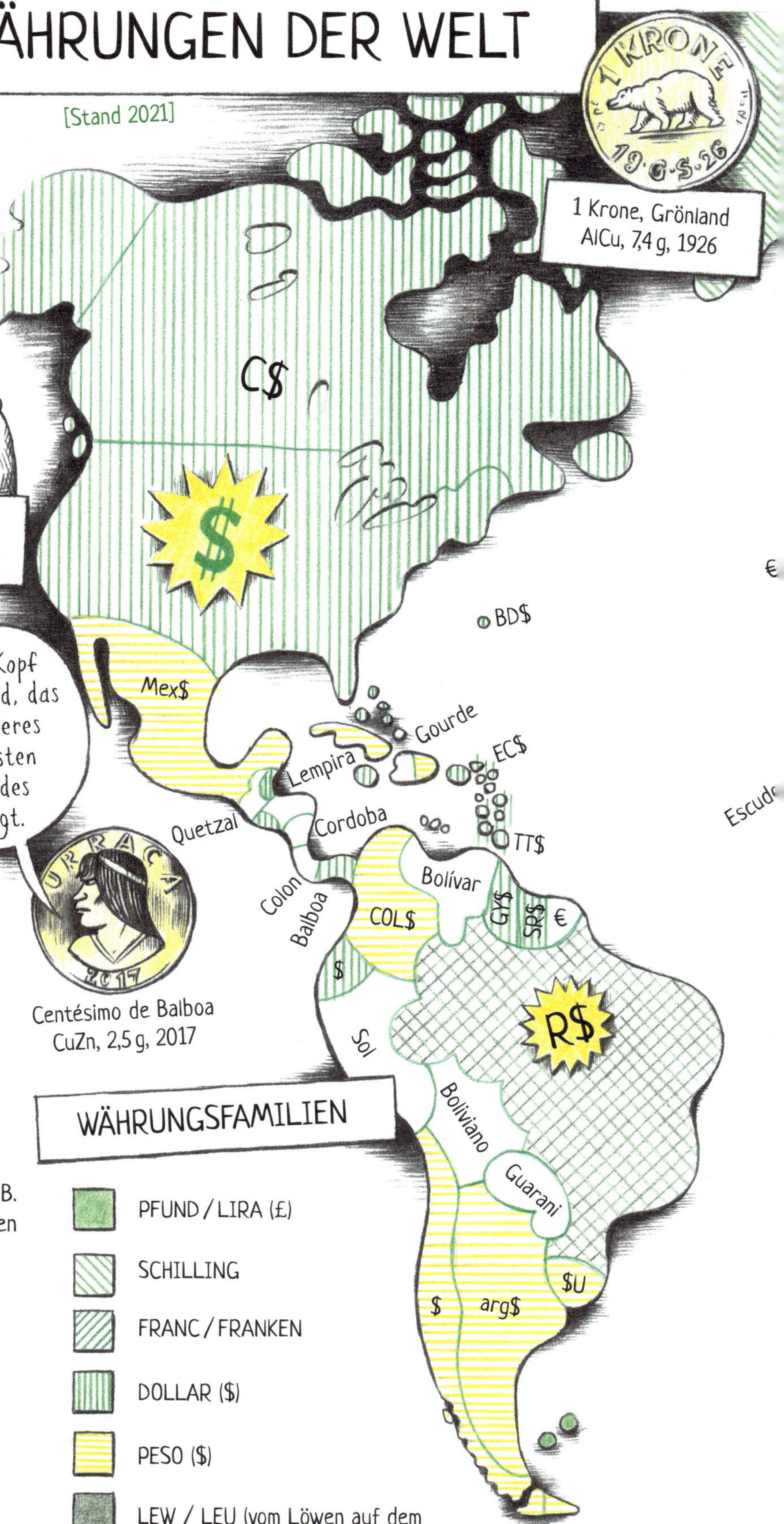

Es gibt über 200 Länder und Territorien auf der Erde, fast alle mit einer eigenen Währung. Einige haben sich allerdings zu Währungsunionen zusammengetan: Der Euro wird in 19 EU-Mitgliedstaaten und weiteren Ländern wie Andorra, Monaco, Kosovo und Montenegro genutzt. Anderswo sind mehrere Währungen gleichzeitig in Umlauf, z. B. in Bhutan der Ngultrum und die indische Rupie. Von der internationalen Gemeinschaft nicht anerkannte Staaten wie Arzach, Ambazonia und Transnistrien geben ihr eigenes Geld heraus. Die genaue Anzahl der weltweiten Währungen hängt also davon ab, wer sie wie zählt.

WÄHRUNGSFAMILIEN

- PFUND / LIRA (£)
- SCHILLING
- FRANC / FRANKEN
- DOLLAR ($)
- PESO ($)
- LEW / LEU (vom Löwen auf dem niederländischen Leeuwendaalder)
- KRONE (von der Königskrone auf den Münzen)
- DINAR (vom römischen Denarius)
- REAL / RIAL / RIYAL (span. „königlich", ursprünglich spanische Währung des 14.–19. Jh.)
- RUPIE (beruhend auf alter indischer Silbermünze)
- YUAN / YEN / WON (vom chinesischen yuán = rundes Ding)

Manche Währungsnamen findet man an verschiedenen Orten auf der Welt. Auf dem Handelsdollar (16. Jh.) gründet sich die „Dollar-Familie": US-Dollar, Kanadischer Dollar, Brunei-Dollar, Singapur-Dollar usw. Ehemalige britische Kolonien behielten Pfund und Schilling, die französischen den Franc, die spanischen den Peso. Indische Kaufleute sorgten in vielen Ländern am Indischen Ozean für die Popularität der Rupie.

1:1

K wie Krone: Die skandinavischen Länder bildeten eine Münzunion: Als Schweden 1873 die Krone einführte, bekamen auch Dänemark, Norwegen und Island diese neue Währung. Nach dem Unionszerfall 1924 behielt man den Namen für die Nationalwährungen bei.

R wie Rubel: Der russische Rubel (RUB, ₽) ist die erste dezimale Währung der Welt (1 Rubel = 100 Kopeken). „Rubel" kommt vermutlich vom russ. рубить (rubit) für „hacken", ein Hinweis auf Hacksilber. Die ersten Münzen wurden in Russland 1704 ausgegeben.

Rubel, Russland, Ag, 28,5 g, 1704

1 Rubel
Fe, 3 g, 2016

1:1

YUAN, YEN, WON: chinesische, japanische und koreanische Währungen, jeweils die entsprechende Lesung des chinesischen Zeichens 圓. Die Lehnübersetzung ins Mongolische heißt Tugrik. Man nutzt das Zeichen auch für den Taiwan- und Hongkong-Dollar und für den Macau-Pataca.

1978 wurden ISO-Währungscodes für den internationalen Zahlungsverkehr eingeführt: AFN (Afghani), USD (Dollar, USA), CAD (kanadischer Dollar), GBP (britisches Pfund) usw. Außerdem nutzt man andere Abkürzungen und extra Währungssymbole (besondere Schriftzeichen) wie € (Euro), ₺ (türkische Lira), ₹ (indische Rupie) etc.

C WIE CEDI

1:1

1 Cedi, Ghana
CuZn, 11,9 g, 1979

Die erste Währung des unabhängigen Ghana hieß Pfund. 1965 wurde der Cedi eingeführt. In der Akan-Sprache heißt das „Kaurimuschel".

Die meisten Währungsnamen bedeuten bloß „Geld", „Silber" oder „Gold". Aber der Kwacha (Name der Währungen in Sambia und Malawi) heißt zu Deutsch Morgendämmerung.

Z WIE ZŁOTY

1:1

Der Name der polnischen Nationalwährung Złoty (PLN, zł) bedeutet „golden". Ursprünglich wurden ausländische Goldmünzen so genannt. Die ersten Złoty-Münzen wurden im 16. Jh. allerdings aus sehr schlechtem Silber geprägt.

1 Złoty
Krakau, Ag
3,1 g, 1835

WÄHRUNGSUNIONEN

Natürlich ist es einfacher, Handel zu treiben, wenn das Geldsystem überall gleich ist. In großen Teilen Europas gab es bereits unter den Römern eine einheitliche Währung. Später war der Taler eine beliebte und überall akzeptierte Münze. Sehr begehrt war auch der Napoleondor, die französische goldene 20-Francs-Münze (1803–1914).

LATEINISCHE MÜNZUNION

1865 einigten sich zunächst Frankreich, Belgien, Italien und die Schweiz auf den französischen Standard (Au : Ag = 1 : 15,5), gründeten eine Union und führten gleiche Silber- und Goldmünzen ein. Später schlossen sich viele weitere europäische Länder dieser Münzunion an. Sogar Russland passte seine Goldmünzen an die französischen an. Der Halbimperial (7,5 Rubel) entsprach 20 Francs. Der Erste Weltkrieg 1914–1918 beendete diesen Bund. Formell wurde die Union 1926 aufgelöst.

EURO-EUROPA

Nach den Kriegen und Umbrüchen des 20. Jh.s hatte jeder Staat in Europa sein eigenes Geld. Der Wunsch, unkompliziert Geschäfte zu machen und frei zu reisen, führte „im Westen" in mehreren Schritten zur Bildung einer neuen Währungsunion. Heute nutzen 34 Länder und Territorien den Euro.

Jean-Claude Juncker
Präsident der Europäischen
Kommission 2014–2019

SOWJETISCHER RUBEL

Nach dem Zweiten Weltkrieg teilte sich die Welt in zwei Lager: Die kapitalistischen Länder unter Führung der USA standen der Sowjetunion und anderen sozialistischen Staaten gegenüber. 1949 wurde der Rat für gegenseitige Wirtschaftshilfe der sozialistischen Länder Osteuropas gegründet. Später schlossen sich Kuba, Vietnam und die Mongolei an. Als Recheneinheit bei den Handelsverträgen, der Planwirtschaft etc. nutzten die RGW-Mitglieder den Transferrubel (= 0,987412 g Au). 1991 wurde das sozialistische Bündnis aufgelöst.

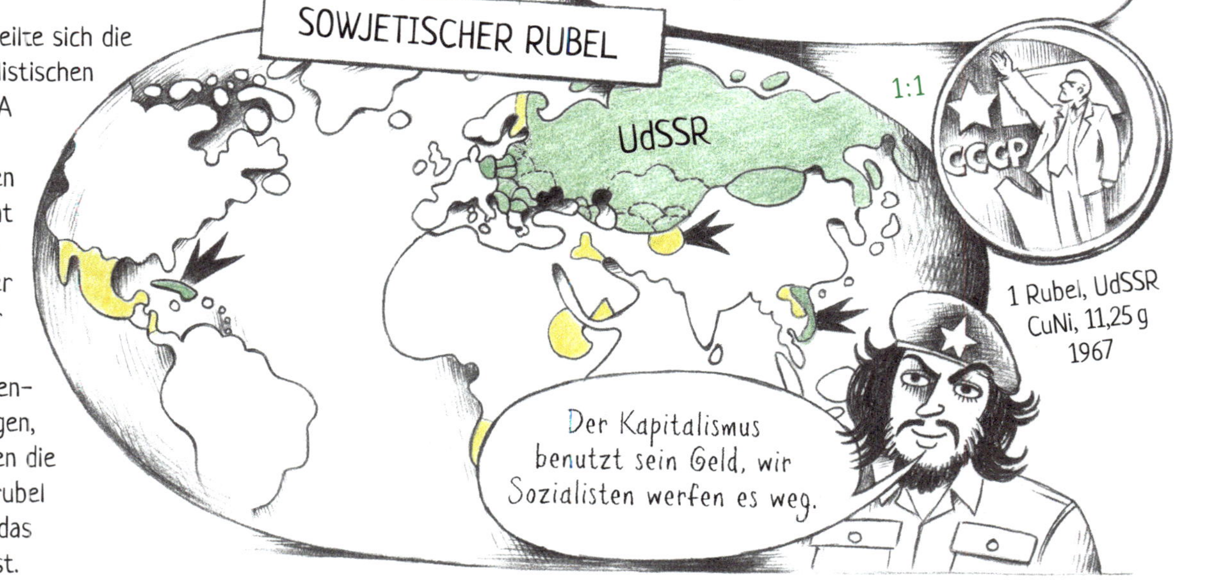

ACU, AMERO, CHALIDSCHI
Auch in anderen Regionen der Welt dachte man über eine gemeinsame Währung nach. Für die 13 Staaten Ostasiens (ASEAN, China, Japan und Südkorea) wurde ACU (Asiatische Währungseinheit) vorgeschlagen.
Wenn wir die Wirtschaftssysteme der USA, Kanadas und Mexikos vereinigen, werden wir unschlagbar! Die nordamerikanische Währung Amero ist bereits geplant.
Das wird nie passieren. Der US-Dollar ist unschlagbar genug.
AMERO
Chalidschi sollte 2010 die gemeinsame Währung der Arabischen Halbinsel werden.
Wir haben so viel Erdöl. Es wird eine megastarke Währung werden!
Die Emiraten und Oman haben doch keinen Bock. Und was ist das für ein Name? So heißt doch Bauchtanz-Musik. Haram!
FRANC CFA
CFA stand ursprünglich für Colonies Françaises d'Afrique (Französische Kolonien Afrikas). 1945 wurde dort eine neue Währung eingeführt: Franc CFA.
Man entzifferte CFA nun als Communauté Financière d'Afrique (Finanzgemeinschaft Afrikas) oder Coopération Financière en Afrique Centrale (Finanzkooperation in Zentralafrika).
CFA-Franc BCEAO Westafrikanische Wirtschafts- und Währungsunion
CFA-Franc BEAC Zentralafrikanische Wirtschafts- und Währungsgemeinschaft
SENEGAL
.gm
.gw
GUINEA
.sl
.lr
.ci
MALI
BURKINA FASO
NIGER
GHANA
TOGO
BENIN
NIGERIA
TSCHAD
Z.A.R.
KAMERUN
GABUN
KONGO
Très bien, mes chers, jetzt seid ihr frei. Unsere Truppen bleiben aber für alle Fälle weiterhin in Afrika. Und euer Geld kontrollieren wir lieber auch. Ihr habt da zu wenig Erfahrung.
Ihr dürft französische Waren und Waffen teuer kaufen und etwas Politik spielen. Toll, oder?!
Frankreich gibt euch die Unabhängigkeit nur unter der Bedingung, dass sich die Republik Gabun an unsere Handelsverträge hält. Gabun verpflichtet sich, der französischen Armee strategische Rohstoffe zur Verfügung zu stellen. Export in andere Länder ist untersagt. Alles klar?
Sind wir so nicht noch immer Kolonien?!
Irgendwas läuft hier schief ...
General Charles de Gaulle
Präsident Frankreichs, 1890–1970
Der Kolonialpakt von 1960, der bis heute Bestand hat, brachte die Volkswirtschaften der ehemaligen französischen Kolonien Afrikas (ca. 150 Mio. Menschen) unter die Kontrolle Frankreichs. Der CFA-Franc schuf eine anhaltende Abhängigkeit. Sein Wechselkurs ist an den Euro gebunden: 1 € = 655,957 CFA-Fr. Immer wieder versuchen die Afrikaner, wirkliche Unabhängigkeit zu erlangen und sich von Frankreich und der aufgezwungenen Währungsunion zu lösen.
FRANCE DÉGAGE!
Wir sind dagegen!
Frankreich, hau ab!
JE VOTE NON!
Senegal, Dakar 2019
ECO
GEDEAO
ECOWAS
Die Westafrikanische Wirtschaftsgemeinschaft (ECOWAS), die 15 Länder vereint, schlug 2003 die neue gemeinsame Währung ECO für die Gesamtregion vor. Die Einführung wurde aber schon mehrmals verschoben. 2020 hat es auch nicht geklappt. Nun spricht man von 2027.

WELTWÄHRUNG

ESPERANTO-TRAUM

1942 schuf die Esperantisten-Liga die neue Währung Stelo und gab sogar Münzen und Scheine aus. Stelo sollte eine internationale Währung werden, verschwand aber wieder, ohne große Spuren zu hinterlassen.

1887 veröffentlichte Ludwik Zamenhof, Augenarzt aus Warschau, die Kunstsprache Esperanto. Bald gab es Esperantisten überall auf der Welt. 1907 gründeten sie in London eine eigene Bank und führten die Währung Speso ein. 1000 Speso = 1 Spesmilo = 0,5 US$ / 0,733 g Au. 1918 scheiterte dieser Versuch.

BRETTON-WOODS-SYSTEM

Der Zweite Weltkrieg (1939–1945) war der schlimmste Krieg der Menschheitsgeschichte: Etwa 80 Mio. sind ums Leben gekommen, fast alle Länder der Erde nahmen daran teil, es wurden Atomwaffen eingesetzt und grausame Verbrechen begangen. Noch vor Ende des Krieges planten Politiker bereits die Neuordnung der Welt für die kommende Zeit. Franklin D. Roosevelt, Präsident der USA, und Winston Churchill, Premierminister Großbritanniens, trafen sich 1941 dazu auf einem Schlachtschiff vor Kanadas Küste und unterschrieben die Atlantik-Charta.

1944 kamen Vertreter von 44 Ländern im Skiort Bretton Woods in New Hampshire, USA, zusammen, um die Neuordnung der Weltwirtschaft nach dem Zweiten Weltkrieg zu planen.

Statt einer internationalen Währung wurde der US-Dollar als Leitwährung mit einer Golddeckung etabliert. Zahlreiche Länder verpflichteten sich, ihre nationalen Währungen fest an den Dollar zu binden. Der Internationale Währungsfonds wurde gegründet.

ABSCHAFFUNG DES GOLDSTANDARDS
NIXON-SCHOCK 1971
Vietnam-Krieg 1955–1975
US
Der Vietnam-Krieg kostet immer mehr Geld. So viel Gold besitzen nicht mal wir. Die Golddeckung schaffen wir ab! Bomben decken den Dollar genauso sicher.
Und ab jetzt wird Erdöl weltweit nur gegen US-Dollar gehandelt!
Ok ...
US
Richard Nixon Präsident der USA 1969–1974
Aus dem Gold-Dollar wurde der Erdöl-Dollar.
JAMAIKA-ABKOMMEN
Das Abkommen von 1976 bildete die Grundlage für das heutige weltweite Finanzsystem. Es schaffte die Anbindung an Gold und fixe Währungskurse ab. Man konnte nun so viele Dollar drucken wie notwendig. Der US$ wurde zum Fiatgeld. Andere Reservewährungen wurden zugelassen: ¥, DM, CHF, £, Fr. Die Währungskurse wurden von den Marktschwankungen bestimmt.
Der Goldstandard ist ein barbarisches Relikt. [Keynes]
Instabilität
Arbeitslosigkeit
Finanzkrisen
Inflation
JOB WANTED!
DEDOLLARISATION
Es gab viele Spekulationen und Prognosen über eine gemeinsame Weltwährung, die die Dollar-Vormacht beenden sollte. 1988 kündigte die internationale Wochenzeitung The Economist an, dass eine private Weltwährung namens Phoenix in 30 Jahren alle andere Währungen abgelöst habe. Es gab auch einen Vorschlag, die Währungen der wichtigsten Industrie- und Schwellenländer (G-20) in einer gemeinsamen Währung zu vereinen. Immer öfter nutzt man tatsächlich nationale Währungen im internationalen Handel.
Die USA bestimmen die Weltwirtschaft nicht allein! Die Kurs-Schwankungen verursachen Chaos im Handel, machen jede Planung unmöglich.
R$
China ist groß und reich. Unser Volksgeld ist stark genug, um neben dem Dollar im internationalen Handel benutzt zu werden!
KEYNESIANISMUS
Nach Keynes benannte Wirtschaftspolitik, die eine Balance zwischen freiem Markt und staatlicher Kontrolle anstrebt. Angebot und Nachfrage allein führen nicht automatisch zu Gleichgewicht und Vollbeschäftigung.
Geiz, Wucher und Misstrauen müssen noch für eine Weile unsere Götter bleiben. Denn nur sie können uns aus dem Tunnel der ökonomischen Notwendigkeit ans Tageslicht leiten. Ich arbeite für den Staat, den ich für seine verbrecherische Politik verachte.
Der Finanzmarkt ist ein Monster, das in seine Schranken verwiesen werden muss!
STABILITÄTSGESETZ BRD
Bund und Länder müssen bei ihrer Wirtschaftspolitik die Bedingungen des gesamtwirtschaftlichen Gleichgewichts berücksichtigen.
John Maynard Keynes
Horst Köhler Bundespräsident 2004–2010

Kapitel 3

GELD NACH DEM GELD

ERSATZGELD

Überall in der Welt ist Geldemission ein Monopol des Staates. Aber wenn dieser die Kontrolle darüber verliert, wenn das Geld in Kriegs- und Krisenzeiten wertlos oder knapp wird, wenn die Wirtschaft stagniert, wenn die Menschen das Vertrauen in den Staat verlieren, versucht man sich mit Ersatzgeld zu behelfen. Kompliziert wird es auch, wenn zwei oder mehrere Parteien ein Gebiet für sich beanspruchen und jede versucht, eigenes Geld zu etablieren.

1918–1920 herrschte im kleinen Lettland ein wahres Chaos. Innerhalb kürzester Zeit wurden dort mehrere Staaten ausgerufen.

Militärmächte, Lokalbehörden, Gemeinden, Unternehmen, Banken, Vereine und sogar Privatpersonen geben Ersatzgeld heraus. In vielen Fällen ist es eine schnelle Notlösung, eine Reaktion auf aktuelle Umstände.

1 Kopeke, Fe, 2,9 g, 1916
Gebiet des Oberbefehlshabers Ost

1 Pfennig, Zn, 2,1 g, 1918
Badische Anilin & Soda Fabrik (BASF), Ludwigshafen

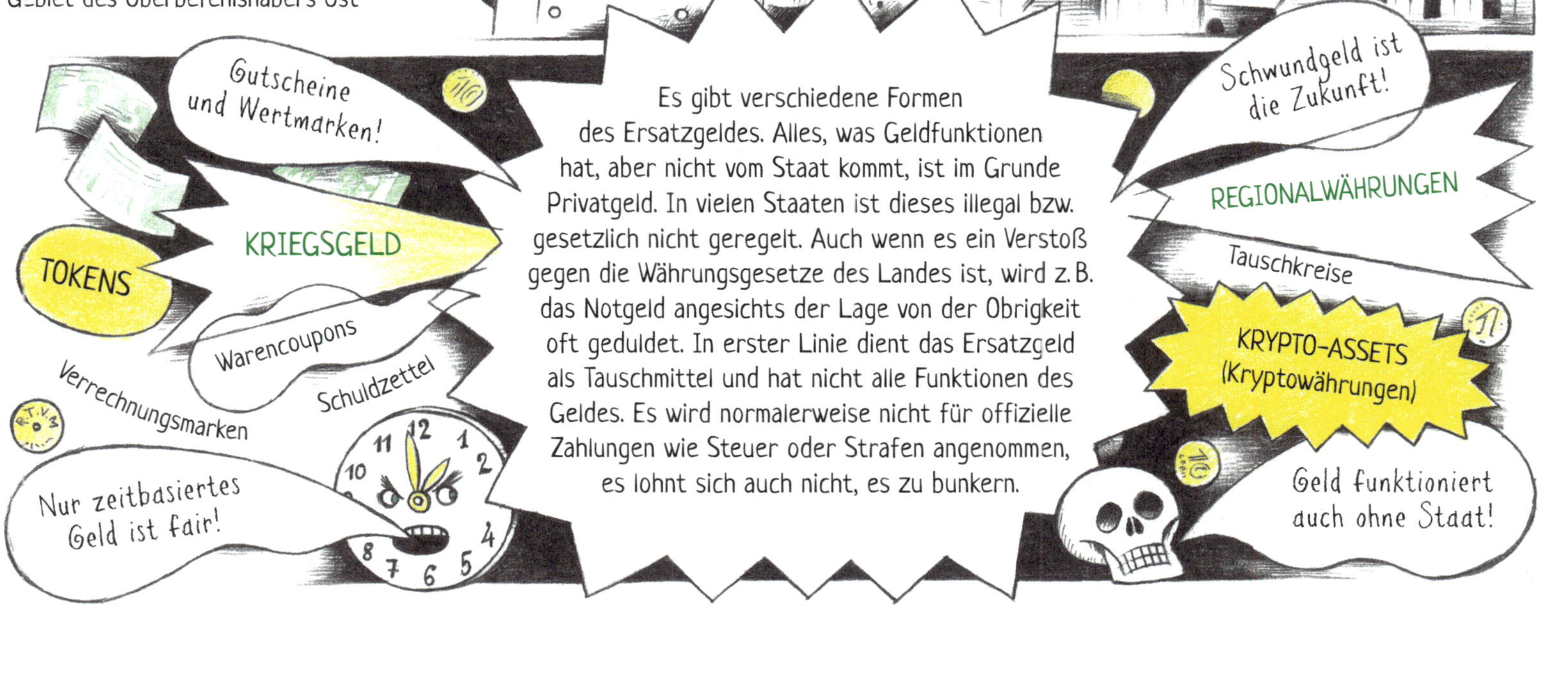

Es gibt verschiedene Formen des Ersatzgeldes. Alles, was Geldfunktionen hat, aber nicht vom Staat kommt, ist im Grunde Privatgeld. In vielen Staaten ist dieses illegal bzw. gesetzlich nicht geregelt. Auch wenn es ein Verstoß gegen die Währungsgesetze des Landes ist, wird z. B. das Notgeld angesichts der Lage von der Obrigkeit oft geduldet. In erster Linie dient das Ersatzgeld als Tauschmittel und hat nicht alle Funktionen des Geldes. Es wird normalerweise nicht für offizielle Zahlungen wie Steuer oder Strafen angenommen, es lohnt sich auch nicht, es zu bunkern.

Während des Achtzigjährigen Krieges (1568–1648) belagerten spanische Truppen die Stadt Leiden in den Niederlanden. Um die aufständischen Soldaten im Unabhängigkeitskampf weiter bezahlen zu können, wurde aus den dicken Einbänden katholischer Kirchenbücher provisorisches Geld hergestellt.

BELAGERUNGSGULDEN VON LEIDEN

28 Stuivers, Leiden
Papier, 2,05 g, 1574

KOMMANDANTENSILBER VON LANDAU

1688 marschierte die französische Armee in deutsche Gebiete ein und zerstörte mehrere Städte. In Landau errichteten die Franzosen ihren Stützpunkt. 1702 belagerte die kaiserliche Armee die Stadt.

Ezéchiel du Mas de Mélac, der „Mordbrenner"
Kommandant, 1630–1704

QIAN CHOU – BAMBUSGELD

Der Taiping-Aufstand in China (1851–1864) war der blutigste Bürgerkrieg der Weltgeschichte: Etwa 30 Mio. Menschen kamen ums Leben, die Wirtschaft und das Sozialleben wurden zerstört. Es fehlte alles, auch Bargeld. Daher brachten die Banken und Händler Ostchinas Bambus-Wertmarken (Bamboo Tally, Qian Chou) heraus. Später übernahmen die lokalen Behörden die Herstellung des Bambusgeldes. Es war zwischen 1870 und 1940 in Umlauf.

NOTGELD 1914–1923

Als der Erste Weltkrieg ausbrach, setzte Deutschland den Goldstandard aus. Banknoten der Reichsbank verloren rapide an Wert, die Inflation stieg, das Kleingeld verschwand. In der Folge brachte man lokales Notgeld heraus, u. a. aus Stahl, Zink, Holz, Porzellan, Seide, Karton, Leder oder sogar aus gepresstem Kohlenstaub. Allein in Deutschland gab es über 1400 Emittenten. Die Gestaltung der Notgeldscheine und -münzen war sehr frei. Oft wurden Gedichte und humoristische Bilder darauf abgedruckt.

FREIGELD

Das ist die Idee des Frei- bzw. Schwundgeldes: Ein Geldschein verliert z. B. im Monat 1% seines Werts, und am Ende des Jahres verfällt er ganz. Also wird jeder versuchen, sein Geld möglichst schnell auszugeben, statt es zu horten. Das treibt die Produktion von Waren und ihren Verkauf voran und schafft damit Arbeitsplätze.

WÄRA-WÄHRUNG 1929–1931

1929 wurde mit der Gründung der Wära-Tauschgesellschaft ein Freigeld-Experiment in Deutschland gestartet. Über 1000 Unternehmen machten mit. Damit sollte der beginnenden Weltwirtschaftskrise begegnet werden. Mancherorts gelang es, auf diese Weise die Wirtschaft anzukurbeln.

WÖRGLER EXPERIMENT 1932–1933

Nothilfe Wörgl
Schwundwährung 5 Schilling
Notabgabe monatlich 1%

SCHAIMURATOWO-WARENCOUPONS
Die Schaimuratowo AG wurde 2007 in der Republik Baschkortostan (Russische Föderation) gegründet. 2010–2012 lief dort ein Schwundgeld-Experiment, das geholfen hat, die nach dem Zerfall der Sowjetunion am Boden liegende Landwirtschaft wieder aufzubauen und Arbeitsplätze zu schaffen. Doch auch dieses Experiment wurde per Gerichtsentscheid gestoppt.
Das Ausgeben von Privatgeld ist per Gesetz verboten.
Ich glaube, dass die Zukunft vom Geiste Gesells noch viel lernen wird.
John Maynard Keynes
Ökonom, 1883–1946
Der Traum Silvio Gesells von einer Bodenreform und der globalen Veränderung des Währungssystems konnte nicht verwirklich werden. Doch Städte, Dörfer und ganze Regionen vieler Länder greifen seine Ideen auch in unserer Zeit auf und führen zur Unterstützung der lokalen Wirtschaft „Regionalwährungen“ ein. Es sind allerdings keine Währungen im gesetzlichen Sinne, sondern meist Gutscheine, Rabattmarken usw.
REGIONALWÄHRUNGEN
Waldviertler Regional (Österreich) 2005
BerkShares (USA) 2006
Lewes Pound (UK) 2008
Venti (Lettland) 2011
Chiemgauer (Deutschland) 2008
Totnes Pound (UK) 2007
Die Freigeld-Utopie ist ein zwerghaft-komisches Gebilde, das den Bedingungen moderner Wirtschaft gar nicht gerecht wird!
Ernst Simon Bloch
Philosoph, 1885–1977
TIME IS MONEY
MONEY IS TIME
Güter und Leistungen verdanken sich menschlicher Arbeitskraft. Oft wird die Arbeit in Stunden gemessen. Zeit ist also wirklich Geld.
Wenn der Arbeiter nur einen halben Arbeitstag braucht, um einen ganzen Tag zu leben, so braucht er nur einen halben Tag zu arbeiten. Die zweite Hälfte des Arbeitstages ist Mehrarbeit zugunsten des Unternehmers. [Karl Marx]
PROFIT
Unternehmer
unbezahlte Mehrarbeit
notwendige Arbeit
Lohn
Wert
Lohnarbeiter
Alle Menschen sollen entsprechend den geleisteten Arbeitsstunden entlohnt werden. Alles darunter ist Menschenfresserei.
12 £ Getreide
Josiah Warren
Sozialreformer, 1798–1874
CINCINNATI TIME STORE
Hier kann man die Waren mit Arbeit bezahlen. Das ist nur gerecht!
1 Stunde Arbeit
IN ITHACA WE TRUST
13960
1/4
QUARTER HOUR
ITHACA HOURS
Die regionale Währung in Ithaca (USA, 1991–2017) basierte auf einer Stunde Arbeit (= 10 $). Sie wurde eingeführt, um den Kleinunternehmern der Region zu helfen. Etwa 500 Unternehmen nahmen an dem Projekt teil. Kinos, Restaurants, Handwerker und Vermieter nahmen die „Hours“ an. Ähnliche Initiativen gab es auch in anderen Städten der USA.

PRIVATGELD

TRUCK-SYSTEM

Auf den Britischen Inseln gaben Unternehmer, Kaufleute und Händler im 17. Jh. Tokens (Handelsmarken) aus, die nur in ihren Geschäften gültig waren und Kleingeld ersetzten. Dieses „Truck-System“ (nach dem altenglischen Wort „Truck“ = Tauschgeschäft) war eine gängige Praxis, den Lohn in Tokens auszuzahlen und die Arbeiter so an die firmeneigenen Läden zu binden. Das führte oft zu Schuldknechtschaft.

Robert Owen (1771–1858), britischer Unternehmer und Sozialreformer, versuchte, die Lage seiner Fabrikarbeiter zu verbessern. Er führte u. a. anstelle der Tokens Arbeitsstunden-Scheine ein, eine „Stunden-Währung“.

1:1

Farthing, George Robinson
Cu, 0,8 g, 1669

HARD TIMES TOKENS

Die Finanzpolitik von Andrew Jackson, US-Präsident von 1829 bis 1837, führte zu einer schweren Krise, zu „harten Zeiten“. Das unkontrollierte Banknotendrucken verursachte eine Inflation, die Metallmünzen verschwanden. Privatunternehmer brachten zwischen 1833 und 1843 allerlei Ersatzgeld in Umlauf, oft mit Präsidenten-Karikaturen und satirischen Kommentaren geschmückt.

1:1

1-Cent-Tokens
Bronze, 11 g, 1837

1:1

Feuchtwanger-Cent
CuNiZn, 2,5 g, 1837

Lewis Feuchtwanger (1805–1876), ein deutsch-jüdischer Chemiker in New York, schlug der US-Regierung vor, das Kleingeld aus der neuartigen, günstigen Legierung „Neusilber“ zu prägen. Der Vorschlag wurde abgelehnt. Daraufhin startete Feuchtwanger seine Privatemission und brachte Tausende „Feuchtwanger-Cents“ über seine Apotheke in Umlauf.

EIN-SACK-KARTOFFEL-WÄHRUNG

Michail Schljapnikow, Großbauer aus Kolionowo bei Moskau und ehemals Bankier des Zentralkomitees der KPdSU, druckte 2014 eigenes „Papiergeld“: den Kolion. Er wurde 2015 von einem Moskauer Gericht verboten.

KRYPTOWÄHRUNG

2009 hat jemand, der sich Satoshi Nakamoto nannte (vermutlich verbergen sich mehrere Personen hinter diesem Pseudonym), eine bahnbrechende Erfindung bekannt gegeben: Bitcoin! Digitales Geld auf der Basis einer bestimmten Technologie: Blockchain (wörtlich „Blockkette“), eine dezentrale Datenbankstruktur. Das „Geld“ soll ohne Vermittler wie Banken oder Behörden funktionieren und direkt, ausschließlich online und gebührenfrei zwischen zwei Teilnehmern (P2P – peer to peer) transferiert werden können.

2010 fand die erste Bitcoin-Übertragung zwischen zwei Handys statt. Mittlerweile gibt es über 5000 Kryptowährungen, die auf Online-Börsen gehandelt werden. Man kann einiges damit bezahlen.

Bei Kryptowährungen unterscheidet man Coins (Geld) und Token (Aktie).

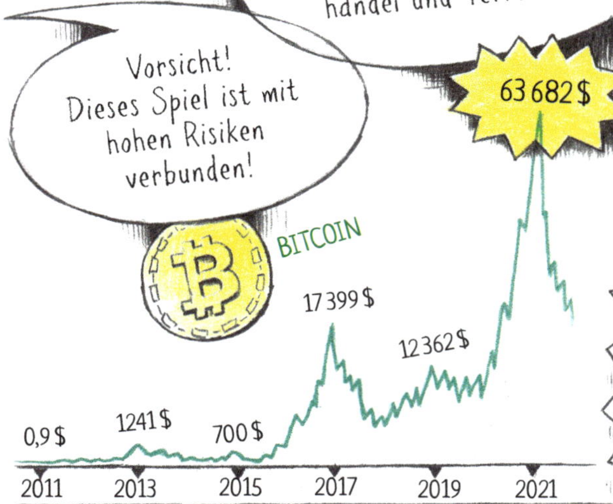

Bitcoin zeigt viele Merkmale einer Spekulationsblase.
Robert J. Shiller, Ökonom, Nobelpreisträger, *1946

Der Preis für Bitcoin wird früher oder später seinen wahren Wert erreichen – null.
Prof. John Quiggin
Ökonom, *1956

Die rasante Verbreitung des Krypto- und Privatgeldes beunruhigt die Staaten. Einige Länder wie China, Vietnam und Island haben den Handel und die Verwendung von Krypto-Assets stark beschränkt oder verboten. Andere Länder versuchten, sie zu kontrollieren. Weißrussland und Venezuela kündigten eigene staatliche Kryptowährungen an: Taler (TLR) und Petro (PTR). Auch nicht anerkannte Staaten versuchen das: So führte Ambazonia (so nennt sich das abtrünnige Südkamerun) die Kryptowährung AmbaCoin ein. Es bleibt spannend.

DES KAISERS NEUE GELDER

Friedrich August von Hayek
Ökonom, 1899–1992

Die Erlasse des exzentrischen ehemaligen Geschäftsmannes sorgten für Heiterkeit, Restaurants boten ihm Platz und Speisen an, die Zeitungen berichteten über ihn und seine Hunde. Der „Kaiser“ gab eigenes Geld aus, das in den Geschäften San Franciscos akzeptiert wurde. Eine Privatwährung für nur eine Person!

Joshua Norton (1811–1880), selbst ernannter „Kaiser dieser Vereinigten Staaten“ Norton I., Stadtverrückter San Franciscos

EINE WELT OHNE GELD?

Der Traum von Gerechtigkeit, Gleichheit, Frieden und Überfluss ist so alt wie Ungerechtigkeit, Ausbeutung, Krieg und Not. Es entstanden verschiedene Ideen, wie man die Gesellschaftsordnung ändern könnte.

KRIEGSKOMMUNISMUS IN SOWJETRUSSLAND, 1918–1921

Juri Larin (Ichil-Michl Lurie)
Mitglied des Volkswirtschaftsrats
1882–1932

Nach der Revolution 1917 schafften die Kommunisten Privateigentum, Grundbesitz und das Erbrecht ab. Es sollte für alle kostenfreie Wohnungen geben. Aber der Traum von einer Welt ohne Geld war schon 1921 ausgeträumt, Marktwirtschaft musste wieder erlaubt werden. Geld wurde in der UdSSR nie abgeschafft.

ZWEITE SPANISCHE REPUBLIK, 1931–1939

Pepe Pareja (José Rodríguez Quiros)
Anarchist, 1888–1989

Die linke Regierung Spaniens wagte in den 1930ern soziale und ökonomische Reformen. Anarchisten erklärten alle Waren, Grundstücke und Dienstleistungen für Kollektivgut und schafften das Geld ab. Die Spannungen zwischen Rechten und Linken, Reichen und Armen führten zu einem Bürgerkrieg mit vielen Opfern und 1939 zum Sieg der Faschisten.

DEMOKRATISCHES KAMPUTSCHEA 1975–1979

Als die Roten Khmer, eine maoistische Guerillabewegung, in Kambodscha an die Macht kamen, führten sie einen radikalen Agrarkommunismus ein. Sie verwandelten das ganze Land in ein Arbeitslager. Etwa zwei Millionen Kambodschaner sind während der Diktatur ums Leben gekommen. Auch dieses gewaltsame Experiment hin zu einer „Welt ohne Geld“ ist blutig gescheitert.

Nuon Chea
Bruder Nr. 2
1926–2019

Pol Pot
Diktator, Bruder Nr. 1
~1925–1998

FERNE ZUKUNFT UND DIE WEITEN DES UNIVERSUMS

ANHANG

GELDGESCHICHTE

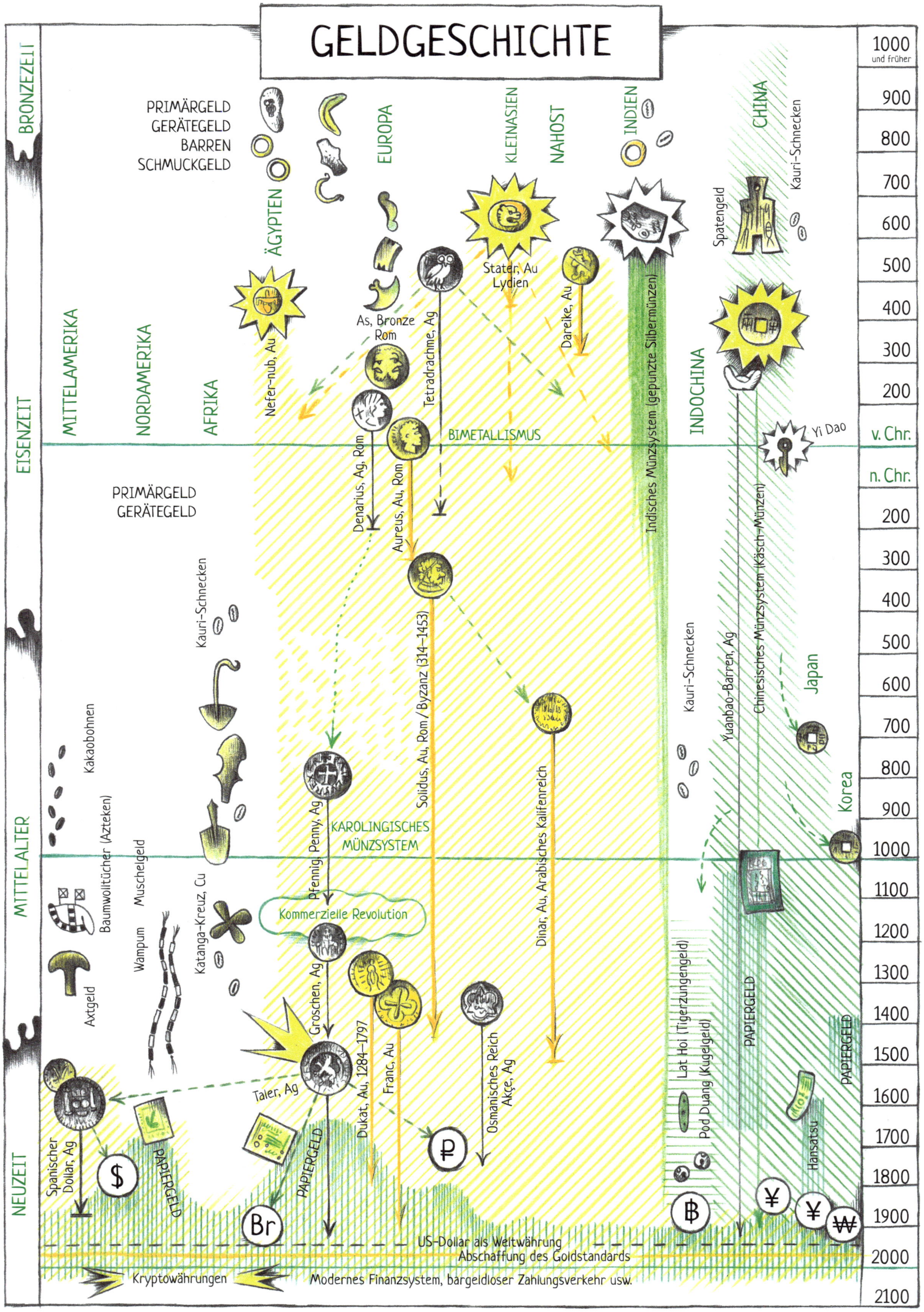

NACHWORT DES AUTORS

Seit Geld existiert, gibt es Streit darüber, was es eigentlich ist. Nicht einmal Wissenschaftler und Experten wissen es genau, ihre sehr unterschiedlichen Meinungen hängen häufig vom jeweiligen politischen Standpunkt ab. Es gibt aber absolut keinen Zweifel, dass Geld unser Leben und Tun bestimmt und vorantreibt: Brot wird gebacken, Impfstoffe werden hergestellt, Schulen beheizt, Raumschiffe gebaut, Kriege geführt, Kleider genäht. Auch meine Bücher werden gedruckt und in vielen Ländern verkauft. „Das Geld ist eine der treibenden Kräfte des Fortschritts der Menschheit", meint Niall Ferguson, ein britischer Historiker. Tatsächlich, die Menschheit hat viel geleistet. Und zweifelsohne ist das Geld – neben der Schrift – eine unglaubliche Erfindung, die eine lange Geschichte mit vielen spannenden, traurigen, lustigen und verrückten Episoden hinter sich hat.

Würde unsere Welt ohne Geld funktionieren? Wie kann dieses wundersame Fantasieprodukt die Realität so gnadenlos bestimmen? Wie ist es entstanden und wo mag es die Menschen hinführen? Diese Fragen haben mich beschäftigt, und ich hoffe, in diesem Buch einige Anstöße zum Weiterforschen und Selbstdenken gesammelt zu haben.

Allein die materiellen Formen, die das Geld in all den Jahrhunderten annahm, sind sehr interessant. Als Kind war ich fasziniert von Münzen und habe sogar eine bescheidene numismatische Sammlung gepflegt: bei Oma gefundenes Zarensilber, ausrangierte sowjetische Rubel, Alu-Pfennige aus der DDR usw. Münzen und Geldscheine sind historische Zeugnisse, Dokumente und kleine Kunstobjekte zugleich.

Trotz seiner Alltäglichkeit ist das Thema Geld sehr kompliziert und meistens todernst. Geld bestimmt nicht nur Wohlstand und Fortschritt. Ungleichheit, Armut, Krisen und Kriege bilden die Kehrseite. Millionen Menschen hungern oder können sich keine medizinische Behandlung leisten – und das nicht, weil es kein Essen oder keine Medikamente gäbe. Sie haben bloß kein Geld dafür. „Ungleichheit bestimmt unsere Zeit. Mehr als 70 Prozent der Weltbevölkerung leben mit steigender Einkommens- und Vermögensungleichheit. Die 26 reichsten Menschen der Welt besitzen so viel Vermögen wie die Hälfte der Weltbevölkerung", sagte António Guterres als UN-Generalsekretär am 18. Juli 2020.

Die Geschichte wurde immer wieder von Gier und daraus resultierendem Verbrechen bestimmt. Von heute auf morgen lässt sich daran nicht viel ändern. Aber: Die Anwendung eines Instruments hängt von der Person ab, die es in den Händen hält. Die Menschen haben ein sehr mächtiges Instrument erfunden, jetzt bleibt nur, endlich zu lernen, vernünftig damit umzugehen ... Bleiben wir zuversichtlich! Und machen wir uns schlau, wenn's ums Geld geht. Viel Spaß beim Weiterlesen und Weiterdenken!

Vitali Konstantinov

QUELLEN, BUCHTIPPS UND LINKS

- DEUTSCHE BUNDESBANK (HG.): Das Geldmuseum der Deutschen Bundesbank. Hirmer, 2017
- NIALL FERGUSON: Der Aufstieg des Geldes: Die Währung der Geschichte. bpb, 2012
- RICHARD GAETTENS: Geschichte der Inflationen: vom Altertum bis zur Gegenwart. Battenberg, 1982
- DAVID GRAEBER: Die falsche Münze unserer Träume: Wert, Tausch und menschliches Handeln. Diaphanes, 2012
- DAVID GRAEBER: Schulden. Die ersten 5000 Jahre. Goldmann, 2013
- FLORIAN HAYMANN, STEFAN KÖTZ, WILHELM MÜSELER (HG.): Runde Geschichte. Europa in 99 Münz-Episoden. Nünnerich-Asmus Verlag, 2020
- BERND KLUGE: Münzen. Eine Geschichte von der Antike bis zur Gegenwart. C. H. Beck, 2016
- GÜNTER KUHN; BERNHARD RABUS: Geld ist, was gilt. Primärgeld: Vormünzliche Zahlungsmittel aus aller Welt. Staatliche Münzsammlung München, 2009
- JACQUES LE GOFF: Geld im Mittelalter. Klett-Cotta, 2011
- JAMES MACKAY: Coins & Coin Collecting. Hermes House, 2007
- BILL MAURER (ANTHOLOGY EDITOR): A Cultural History of Money. Bloomsbury Academic, 2019 (6 Bände)
- MICHAEL NORTH: Das Geld und seine Geschichte. Vom Mittelalter bis zur Gegenwart. C. H. Beck, 1994
- AXEL T. PAUL: Theorie des Geldes. Junius, 2017
- A. HINGSTON QUIGGIN: A Survey of Primitive Money, The Beginning of Currency. Methuen & Co., 1949
- BERND SPRENGER: Das Geld der Deutschen. Geldgeschichte Deutschlands von den Anfängen bis zur Gegenwart. Schöningh, 2002
- SEBASTIAN STEINBACH: Numismatik: Eine Einführung in Theorie und Praxis. Kohlhammer, 2021
- WOLFGANG TRAPP, TORSTEN FRIED: Handbuch der Münzkunde und des Geldwesens in Deutschland. Reclam, 2006
- CHARLES TILLY: War Making and State Making as Organized Crime. In: Peter Evans, et al. (ed.): Bringing the State Back In. Cambridge University Press, 1985, 169–87

- Bayrisches Münzkontor: www.muenzwissen.com/lexikon
- Börsenlexikon: boersenlexikon.faz.net
- Das hr2-Kinderfunkkolleg Geld: www.kinderfunkkolleg-geld.de
- Gesellschaft für Internationale Geldgeschichte e. V.: www.gig-geldgeschichte.de
- Institut für Numismatik und Geldgeschichte an der Universität Wien: numismatik.univie.ac.at
- Interaktive Kataloge der Münzkabinette (IKMK): www.ikmk.net
- Kooperative Erschließung und Nutzung der Objektdaten von Münzsammlungen (KENOM): www.kenom.de
- Moneypedia: www.moneypedia.de
- Muenzen-Online: www.muenzen-online.com
- MünzenWoche: muenzenwoche.de
- Münzhandelsgesellschaft mbH & Co. KG Deutsche Münze (MDM): www.mdm.de/muenzwelt
- Netzwerk universitärer Münzsammlungen in Deutschland: www.numid.online
- NumiScience: pecunia.zaw.uni-heidelberg.de/NumiScience

EXPERTEN-NACHWORT

Das Sprichwort „Geld regiert die Welt“, das Märchen „Sterntaler“ oder das Kinderlied „Taler, Taler, du musst wandern“ – sie alle drehen sich um das, wovon fast jeder gerne reichlich hätte: Geld! Ich selbst beschäftige mich schon länger mit diesem Thema. Klar, sagen jetzt die meisten, ich doch auch, nämlich seit den wöchentlichen Taschengeldzahlungen. Stimmt, damit ist ja eigentlich jeder Experte in Sachen Moneten, Kies, Mäuse oder Knete ... Geld hat schließlich viele Namen. Aber ich habe zusätzlich noch reichlich darüber gelesen, recherchiert, gelernt und selbst aufgeschrieben.
Geld gibt es fast schon so lange, wie es Menschen gibt, denn auch schon vor vielen Tausend Jahren hatte mein Gegenüber vielleicht etwas, was ich gerne wollte. Und dann wurde es gekauft oder getauscht, eben ganz wie heute. Allerdings hat sich auch eine ganze Menge verändert: Früher bezahlte man mit Muscheln, Salzblöcken, Steinscheiben oder ganzen Metallblöcken – das wäre heute ganz schön unpraktisch.

In diesem hervorragenden Buch kann man genau das nachlesen: Ob im Alten Rom oder im Mittelalter, ob ganz modern mit der EC-Karte und dem Handy – Geld hat die Menschen nicht nur in Form von Münzen oder Papiergeld schon immer fasziniert.

Wer sich ein wenig mit dem Buch beschäftigt, stellt schnell fest, dass es quasi ein Reiseführer durch die Weltgeschichte des Geldes ist, man somit weit rumkommt und damit sein Wissen über dieses spannende Thema vertiefen kann. Ich wünsche jedenfalls allen kleinen und großen Leserinnen und Lesern viel Freude und bin mir sicher, dass im Anschluss an die lehrreiche Lektüre Aussprüche wie „knapp bei Kasse sein“, „Kredithai“ oder „wer den Pfennig nicht ehrt, ist des Talers nicht wert“ auf einmal eine ganz andere Bedeutung bekommen und es viele neue Geld-Expertinnen und -Experten geben wird.

Priv. Doz. Dr. Sebastian Steinbach
Wirtschaftshistoriker und Numismatiker

MUSEEN UND SAMMLUNGEN

DEUTSCHLAND

- Das Geldmuseum der Deutschen Bundesbank
  Wilhelm-Epstein-Straße 14
  60431 Frankfurt am Main
  www.bundesbank.de/de/bundesbank/geldmuseum

- Münzkabinett
  Staatliche Kunstsammlungen Dresden
  Residenzschloss
  Taschenberg 2
  01067 Dresden
  www.muenzkabinett.skd.museum

- Münzkabinett
  Staatliche Museen zu Berlin
  Am Kupfergraben
  10178 Berlin
  www.smb.museum/museen-einrichtungen/muenzkabinett

- Die Staatliche Münzsammlung München
  Residenzstraße 1, Residenz
  80333 München
  www.staatliche-muenzsammlung.de

ÖSTERREICH

- Geldmuseum der Österreichischen Nationalbank
  Otto-Wagner-Platz 3
  1090 Wien
  www.oenb.at/Ueber-Uns/Geldmuseum.html

- Burg Hasegg/Münze Hall
  Burg Hasegg 6
  6060 Hall in Tirol
  www.muenze-hall.at/de

SCHWEIZ

- MoneyMuseum
  Hadlaubstrasse 106
  8006 Zürich
  www.moneymuseum.com

- Schweizer Finanzmuseum
  Hard Turm Park
  Pfingstweidstrasse 110
  8005 Zürich
  www.finanzmuseum.ch

ABKÜRZUNGSVERZEICHNIS

BCEAO Banque Centrale des États de l'Afrique de l'Ouest · (Zentralbank der westafrikanischen Staaten)
BEAC Banque des États de l'Afrique Centrale (Zentralafrikanische Zentralbank)
CEMAC Communauté Économique et Monétaire de l'Afrique
Centrale (Zentralafrikanische Wirtschafts- und Währungsgemeinschaft)
SPQR Senatus Populusque Romanus (Hoheitszeichen des Römischen Reiches)
UEMOA Union économique et monétaire ouest-africaine (Westafrikanische Wirtschafts- und Währungsunion)

Metalle
Ag Silber
Au Gold
Cu Kupfer
Fe Eisen
Ni Nickel
Pb Blei
Sn Zinn
Zn Zink

Währungen
Arg$ Argentinischer Peso
AU$ Australischer Dollar
BIF Burundi-Franc
BR$ Brunei-Dollar
BYN Weißrussischer Rubel oder Belarussischer Rubel
C$ Kanadischer Dollar
CDF Kongo-Franc
CFP CFP-Franc (einst Colonies françaises du Pacifique)
CHF Schweizer Franken
COL$ Kolumbianischer Peso
DKK Dänische Krone
DM Deutsche Mark
DZD Algerischer Dinar
E£ Ägyptisches Pfund
EC$ Ostkaribischer Dollar
Franc CFA Communauté Financière d'Afrique (Westafrika), Coopération en Afrique centrale (Zentralafrika) – Afrikanische Finanzierungsgesellschaft
Gib£ Gibraltar-Pfund
GNF Franc Guinéen
GY$ Guyana-Dollar
HK$ Hongkong-Dollar
IDR Indonesische Rupie
IQD Irakischer Dinar
IRR Iranischer Rial
ISK Isländische Krone
Kč Tschechische Kronen
KES Kenia-Schilling
KMF Komoren-Franc
LKR Sri-Lanka-Rupie
LR$ Liberianischer Dollar
LYD Libyscher Dinar
Mex$ Mexikanischer Peso
MUR Mauritius-Rupie
MVR Rufiyaa (Malediven-Rupie)
N$ Namibia-Dollar
NOK Norwegische Krone
NPR Nepalesische Rupie
NT$ Neuer Taiwan-Dollar
NZ$ Neuseeland-Dollar
OMR Omanischer Rial
PKR Pakistanische Rupie
R$ Brasilianischer Real
RWF Ruanda-Franc
S$ Singapur-Dollar
SAR Saudi-Rial
SCR Seychellen-Rupie
SEK Schwedische Kronen
SI$ Salomonen-Dollar
SOS Somalia-Schilling
SR$ Suriname-Dollar
SS£ Südsudanisches Pfund
Sud£ Sudanisches Pfund
syr£ Syrisches Pfund, auch syrische Lira
TND Tunesischer Dinar
TT$ Trinidad-und-Tobago-Dollar
TZS Tansania-Schilling
US$ US-Dollar bzw. United-States-Dollar
YER Jemen-Rial
ZWL$ Simbabwe-Dollar

฿ Panamaischer Balboa
₵ Cedi (Ghana)
$ Dollar, Escudo, Peso, Real
€ Euro
ƒ hier: niederländische Gulden
Fr Franc
£ Pfund, Lira
₱ Philippinischer Peso
₽ Russischer Rubel
₹ Indische Rupie
₸ Tenge
₮ Tugrik (Mongolei)
$U Uruguayischer Peso
₩ Won
¥ Yen, Yuan
Zł Złoty

ANMERKUNGEN

S. 5 · Die Kupferplatten Tlakwa galten beim Kwakwaka'wakw-Volk im Nordwesten Nordamerikas als wichtigstes Symbol für Status und Reichtum und waren mehrere Boote oder gar Häuser wert. Aber das Coolste war es, solch eine Kupferplatte öffentlich vor dem ganzen Stamm zu zerstören.

S. 7 · „Money is what money does." Berühmtes Zitat des amerikanischen Ökonomen Francis Amasa Walker. Danach kann alles als Geld verwendet werden, was die Funktionen von Geld besitzt. Geld kann als Tauschmittel dienen, als Recheneinheit und es ist ein Wertspeicher. Eine Voraussetzung dafür ist, dass der Wert stabil bleibt.

S. 9 · Kwehkwe, Khwe = Hallo, hi (Mohawk, Haudenosaunee)

S. 11 · Kahnfüßer gehören wie Muscheln und Schnecken zu den Schalenweichtieren. Ihre Schalen wurden von vielen Völkern Nordamerikas als Schmuck und/oder Geld benutzt.
· Twee snoeren voor alles = Zwei Schnüre für alles (Niederländisch)
· Tekeni = zwei (Mohawk, Haudenosaunee)

S. 13 · Kopra – getrocknetes Kokosfleisch, für die Produktion von Kokosöl verwendet

S. 19 · Der Silberbarren mit dem Siegel Tutanchamuns wurde vom Genfer Auktionshaus Numismatica Genevensis am 18. November 2019 zur Versteigerung angeboten.

S. 20 · Afrikanische Ethnien wurden zum Teil von Kolonialmächten willkürlich „konstruiert", deswegen gibt es manchmal mehrere Namen für ein und dieselbe Volksgruppe.

S. 21 · La manille – Fußring, Schäkel (Französisch, ein bügelförmiges Befestigungselement beim Tauwerk; anilha – Fußring (Portugiesisch)

S. 24 · Bù bedeutet „Tuch" (Chinesisch). Warum sie das Spatengeld so nannten, wissen die Chinesen selbst nicht mehr.

S. 25 · 1 Travancore-Rupie = 7 Fanams = 28 Chuckrams = 448 Kasu

S. 27 · Das Orakel von Delphi war zwischen dem 5. Jh. v. Chr. und dem 4. Jh. n. Chr. eine Weissagungsstätte des antiken Griechenland.

S. 30 · Moneta (Lateinisch, Italienisch, Polnisch, Litauisch), monēta (Lettisch), moneda (Spanisch), moeda (Portugiesisch), monedă (Rumänisch), monedha (Albanisch), monnaie (Französisch), mint, money (Englisch), mønt (Dänisch), munt (Niederländisch), mynt (Isländisch, Norwegisch, Schwedisch), münt (Estnisch), Münze (Deutsch), монета ([moneta] Russisch, Ukrainisch, Kirgisisch), манета ([maneta] Weißrussisch), мәнет ([mənet] Kasachisch), манньыат ([mann'yat] Jakutisch), მონეტა ([moneta] Georgisch) etc. Manat ist auch der Name der Währungen von Aserbaidschan und Turkmenistan.

S. 32 · In Großbritannien existierte das £sd-System bis 1971. Natürlich war das britische Pfund des 20. Jh.s längst nicht mehr 408 g Silber wert. Mark (1/2 Pfund) und Pfennig gab es in Deutschland bis 2002.

S. 33 · no problema = kein Problem (Italienisch)

S. 34 · Zuckerrohr war in Südostasien schon immer bekannt. In Europa gab es kein Zuckerrohr, daher war Zucker dort buchstäblich Gold wert. Erst die industrielle Zuckerproduktion aus Zuckerrüben im 19. Jh. stillte den europäischen Hunger nach Süßem.
· Testone – eine Münze mit Porträt (Englisch: testoon; Italienisch: la testa = der Kopf)

S. 36 · Ave Caesar, victor imperator! = Sei gegrüßt, Caesar, siegreicher Feldherr! (Lateinisch)
· 1457–1460 gab es die erste große Inflation in Europa.
· „Von der bösen Münze wurde so viel geschlagen, dass so viel wie man heute für einen Gulden gab, so gab man morgen 30 Pfennig mehr dafür."

S. 37 · „Bad money drives out good if they exchange for the same price." Greshamsches Gesetz nach Robert Mundell (kanadischer Volkswirt, Professor, Nobelpreisträger)

S. 38 · Gosudar' = mein Herr (Russisch, государь)
· Die russische Landeswährung Rubel (= 100 Kopeken) war bis 1704 nur eine Recheneinheit.

S. 39 · Großer Nordischer Krieg (1700–1721)
· Heute gilt José María Morelos (1765–1815) als Nationalheld Mexikos. Seine Porträts schmücken Münzen und Banknoten.
· Compañeros = Gefährten (Spanisch)

S. 40 · Chao (Chinesisch) Papiergeld der mongolischen Yuan-Dynastie in China

S. 41 · Han – Teilfürstentum in der Edo-Zeit (1603 bis 1868) (Japanisch)
· Banco – Wechseltisch, Bank (Italienisch)
· Välkommen till Sverige! = Willkommen in Schweden (Schwedisch)
· Kreditivsedlar – Kreditzettel, Gutschrift (Schwedisch)

S. 42 · Die Spanier nutzten unterschiedliche Recheneinheiten je nach Feingehalt und Gewicht. Z. B. Peso de oro de minas (Au) 937 ‰ = 450 Maravedís (Cu)
· Macuquinas – angeblich vom Arabischen machuch (?) oder von Quechua makkaikuna (gehämmert).
· Die 13 Kolonien sind New Hampshire, New York, Massachusetts, Rhode Island, Connecticut, Pennsylvania, New Jersey, Maryland, Delaware, Virginia, North Carolina, South Carolina und Georgia.

S. 43 · Spanish milled Dollar – wegen des gefrästen Randes so genannt. Die Randbearbeitung schützte die Münze vor dem illegalen Abschneiden oder Abfeilen des Edelmetalls.

S. 48 · von accomendare = anvertrauen (Italienisch)
· Ciao, ragazzi! Buon fortuna! = Tschüss, Leute! Viel Glück! (Italienisch)
· Deut (Niederländisch: duit) – im 17.–19. Jh. eine niederländische Münze; 1 Deut = 1/8 Stüber (Niederländisch: stuiver) = 1/160 Gulden
· Ada apa? = Was ist hier los? (Indonesisch/Malaysisch)

S. 51 · 10 000 Gulden kostete ein großes Haus. Das durchschnittliche Jahreseinkommen lag im 17. Jh. in den Niederlanden bei etwa 150 Gulden.

S. 53 · Der Name der ukrainischen Währung Hrywnja stammt vom slawischen Wort Griwna (Russisch гривна, Ukrainisch гривня, Polnisch grzywna, Tschechisch hřivna). Ursprünglich war das ein Halsreif aus Bronze, Silber oder Gold, später eine Rechen- und Gewichtseinheit (ca. 200 g), ein Silberbarren und ein vormünzliches Zahlungsmittel, das im 11.–14. Jh. in Osteuropa verbreitet war. Der alte Name für das russische 10-Kopeken-Stück „Griwennik" hat die gleiche Wortherkunft. In vormünzlicher Zeit dienten kostbare Tierfelle von Zobel, Steinmarder, Hermelin, Biber, Eichhörnchen usw. als Tausch- und Zahlungsmittel in ganz Eurasien. Daran erinnern noch einige Währungsnamen. Kroatische Kuna-Münzen beispielsweise schmückt ein Marder, denn in vielen slawischen Sprachen bedeutet Kuna oder Kuniza „Marder".
Das Turk-Wort für „Eichhörnchen" diente als Name für Kleingeld in: Usbekistan: 1 So'm = 100 Tiyin (entzogen 2020); Kirgisistan: 1 Som = 100 Tyjyn (kaum in Umlauf) und Kasachstan: 1 Tenge = 100 Tiyn (entzogen 2012)

S. 55 · Chalidschi ist sowohl eine Währung, die 2010 auf der arabischen Halbinsel eingeführt werden sollte, als auch ein arabischer Tanz- und Musikstil.

· Haram = verboten, umgangssprachlich oft als Ablehnungsfloskel benutzt (Arabisch)
· Très bien, mes chers = Sehr gut, meine Lieben (Französisch)
· France dégage! = Frankreich, hau ab! (Französisch)

S. 56 · Unu mondo, unu lingvo, unu mono = Eine Welt, eine Sprache, eine Währung (Esperanto)
· Bancor (von Keynes vorgeschlagene Weltwährung), nicht zu verwechseln mit der Kryptowährung Bancor

S. 57 · G20-Länder – Gruppe der wichtigsten Industrie- und Schwellenländer, umfasst 19 Länder und die EU

S. 61 · Stuiver – alte niederländische Münze, 20 Stuiver = 1 Gulden, bis heute Spitzname für die 5-Cent-Münze
· 4 Livre 4 Sou (gepunzter Tellerrand, 1702, Landau): im Besitz des Münzkabinetts der staatlichen Museen zu Berlin

S. 63 · „Time is money.“ Der Spruch stammt angeblich von Benjamin Franklin (1706–1790) und kommt zum ersten Mal 1748 im Buch „The American Instructor; Or, Young Man's Best Companion“ (Der amerikanische Instruktor oder Der beste Begleiter des jungen Mannes) vor: „Denken Sie daran, dass Zeit Geld ist.“ In den „harten Zeiten“ 1837–1838 haben viele Uhrmacher und Juweliere in den USA Tokens mit diesem Spruch und einer Zifferblattdarstellung prägen lassen.

S. 64 · I take the responsibility! = Ich übernehme die Verantwortung! (Englisch)

S. 66 · Madrecita = Mütterchen (Spanisch)

S. 67 · ¥€$ - Yen-Euro-Dollar – die gemeinsame Währung in der Anime-Serie „Ghost in the Shell: Stand Alone Complex“ (2002), die 2030 spielt

S. 70 · Nefer-nub – die erste um 360 v. Chr. eingeführte Münze des Alten Ägypten, ein Goldstater
· Yi Dao – Messergeld von Wang Mang, Chinas Kaiser zwischen 9 und 23 n. Chr., das einen deklarierten Wert von 5000 (!) herkömmlichen Käsch-Münzen hatte. Ein früher Versuch des reinen Fiatgeldes.

WORTERKLÄRUNGEN

Aktie Ein Wertpapier bzw. eine Urkunde, mit der man einen Anteil an einem Unternehmen besitzt. Wer über eine Aktie verfügt, hat Anspruch auf einen Teil des Gewinns des Unternehmens.

Aktiva Vermögen eines Unternehmens wie Bankguthaben, Fabriken und Maschinen

Alternativwährung bzw. Nebenwährung Fremde Währung, die neben der gesetzlich anerkannten verstärkt genutzt wird, beispielsweise in Grenzregionen oder weil die gesetzliche Währung an Vertrauen in der Bevölkerung verliert

Anarchismus (Altgriechisch anarchos = Herrschaftslosigkeit) Politische Weltanschauung, deren Ziel es ist, jede Herrschaft von Menschen über Menschen abzuschaffen

Anleihe Ein Wertpapier, mit dem der Käufer einem Unternehmen oder Staat einen Kredit gibt, im Gegensatz zu einer Aktie aber kein Mitinhaber ist. Der Käufer erhält jedoch ein Recht auf Rückzahlung und bekommt Zinsen.

Avers (Av.) Vorderseite einer Münze oder Medaille

Beischlag Beschreibt die Imitation eines fremden Münzbildes von einem anderen Münzherrn, der die Bekanntheit des Vorbildes nutzten wollte, wobei die Nachprägungen meist von geringerem Wert waren (siehe schlechthaltiges Geld)

Blockchain (Englisch Blockkette) Öffentliche Datenbank, in der verschiedene Datensätze („Blöcke") unveränderlich miteinander verbunden sind. Jeder Beteiligte erhält eine Kopie der Blockchain, diese synchronisiert sich mit jeder neuen Verbindung und jedem neuen Block, deswegen gilt sie als relativ sichere Transaktionsmethode. Es können neue Blöcke hinzukommen, aber keine bestehenden entfernt werden.

Börse Organisierter Markt, an dem Aktien oder Waren gehandelt werden

Broker Vermittler, der im Auftrag von Kunden (Anlegern) z. B. mit Aktien und anderen Wertpapieren handelt; Zwischenhändler

Buchgeld bzw. Giralgeld (Italienisch giro = Runde, Kreislauf) Aufgeschriebenes Guthaben, ermöglicht bargeldlosen Zahlungsverkehr

Coins Einheiten einer eigenständigen digitalen Währung (z. B. Bitcoin, Ethereum)

Continental Currency (Kontinental-Dollar) Erste eigene Währung der USA. Er wurde 1776 zur Finanzierung des Unabhängigkeitskrieges vom Britischen Reich eingeführt; verlor 1780 bereits wieder seinen Wert.

Debitkarte (Englisch debit = Soll, Kontobelastung) Bankkarte, dient dem bargeldlosen Bezahlen, der Betrag wird zeitnah vom Konto abgebucht.

Deflation Allgemeiner, anhaltender Rückgang des Preisniveaus, wenn das Angebot von Waren größer ist als die Nachfrage durch die Käufer (Gegenteil: Inflation)

Einlage Das Buchgeld auf dem Konto

Emission Ausgabe von Wertpapieren oder Geld in den Publikumsverkehr

Emittent Herausgeber von Wertpapieren, Banknoten etc.

Fiatgeld (Lateinisch fiere = es geschehe, es sei, es werde) Zahlungsmittel ohne festgelegten Wert. Von einem Staat oder einer Regierung künstlich erschaffen, der Wert des Fiatgeldes richtet sich nach Angebot und Nachfrage. Alle heutigen Währungen, die von Regierungen unterstützt werden, sind Fiatgeld.

Gegenstempel bzw. Kontermarke Kleiner Stempel, mit dem Buchstaben oder Symbole in eine Münze geschlagen wurden, um eine Prüfung zu kennzeichnen oder eine fremdländische Münze offiziell in Umlauf zu bringen

Genussscheine Wie eine Aktie, aber ohne Stimmrecht im Unternehmen

Guerilla (Spanisch la guerrilla = kleiner Krieg) Eine kleine Gruppe von Kämpfern, wird oft von der Landbevölkerung unterstützt

Gusskuchen Rohmetallbarren in der Bronzezeit, sie waren Zahlungsmittel und Wertspeicher

guthaltiges Geld Der Nominal- und der Edelmetallwert einer Münze stimmen (nahezu) überein (Gegenteil: schlechthaltiges Geld)

Golddeckung Die in Umlauf befindliche Geldmenge war durch eine entsprechende Menge an Gold abgesichert. Der Goldstandard bietet den Vorteil, dass Notenbanken nur so viel Geld drucken können, wie der Staat Gold besitzt, ein Staat kann sich so nicht unbegrenzt verschulden.

Inflation Allgemeiner, anhaltender Preisanstieg, da die Nachfrage höher ist als das Warenangebot (Gegenteil: Deflation)

Investor Eine Person oder ein Unternehmen, das Kapital anlegt bzw. einem anderen Unternehmen Geld zur Verfügung stellt, um Gewinne zu erzielen

Kapital In der Volkswirtschaft neben Arbeit und Boden der dritte gesamtwirtschaftliche Produktionsfaktor

Kapitalismus Marktwirtschaftliches Wirtschaftssystem, basierend auf freiem (also nicht staatlich gelenktem) Unternehmertum. Treibende Kraft ist das Gewinnstreben Einzelner.

Kommunismus Vorstellung eines Gesellschaftszustandes ohne Privatbesitz an Produktionsmitteln, diese gehören der Gemeinschaft (alle Menschen sollen sozial gleichgestellt sein)

Konto (Italienisch conto = Rechnung) Es werden Ausgaben und Einnahmen der Kontoinhaber vermerkt. Auf ein Bankkonto kann man Geld einzahlen, von ihm abheben oder übertragen.

Kredit Ein bestimmter Geldbetrag, der verliehen wird und später mit Zinsen zurückgezahlt werden muss

Krypto-Asset (Englisch asset = Vermögen) Ein digitaler Vermögensgegenstand, der ohne Zwischenhändler wie Banken oder Behörden auskommt, K. A. sind Kryptowährungen und verschiedene Tokens

Kryptowährung (Altgriechisch krypto = verborgen, versteckt) Digitales, verschlüsseltes Geld. Das Tauschmittel kann an jedem Computer durch verschlüsselte Rechenwege entstehen, so bildet sich die Blockchain. Cyberwährungen haben keine konkrete Form, sondern sie sind Daten, die sich auf einem Computer oder in einer digitalen Geldbörse befinden.

Kurantmünze Eine vollwertige Münze, deren Nominalwert durch den Metallwert gedeckt ist, quasi kleine Edelmetallbarren. Siehe Scheidemünze

Leitwährung Währung, die international weitverbreitet ist und somit eine Orientierung für andere Währungen bietet sowie international als Transaktions- und Reservewährung dient

Monopol (Altgriechisch monos = alleine, Altgriechisch pōlein = verkaufen) Führende Marktstellung eines Unternehmens, d. h., ein Unternehmen ist der alleinige Anbieter/Verkäufer einer Ware

Münzfuß Gesetzlich festgelegtes Gewicht und festgelegter Edelmetallwert einer Münze

Münzfälschung Zu unterscheiden in Münzfälschung, Falschmünzen und Beischläge. Unter Münzfälschung versteht man das Fälschen von Münzen, die heute nicht mehr als Zahlungsmittel anerkannt sind, wohingegen beim Falschmünzen gesetzlich anerkannte Zahlungsmittel imitiert werden. Die Münzfälschung geht also zulasten des Sammlers, die Falschmünzen schaden dem Staat und der Währung.

Nominal (Lateinisch nominare = bezeichnen, Lateinisch nomen = Name) Ausdruck in der

Numismatik, der die Münze nach ihrem Namen bezeichnet wie z. B. Euro, Dollar, Groschen. Mit dem Nominal wird auch die Stückelung der Währung angegeben.

Nominalwert, Nennwert eines Zahlungsmittels; der gesetzlich festgelegte Wert als gesetzliches Zahlungsmittel

Numismatik Münzkunde, Geschichte und Bedeutung des Geldes werden erforscht.

Ochsenhautbarren Während der Bronzezeit im östlichen Mittelmeerraum genutzte Barrenform aus Rohkupfer oder Bronze, die auch als Zahlungsmittel diente

Option, Optionsschein Recht, etwas innerhalb einer bestimmten Frist zu vorher festgelegten Bedingungen zu erwerben

Primärgeld („Primitivgeld") Vormünzliche Zahlungsmittel bzw. frühe Geldformen wie z. B. Muschelgeld – sie haben also einen Tauschwert und einen Gebrauchswert. Als Primärgeld wird auch die monetäre Basis bezeichnet, die das Geld beschreibt, welches nur von der Zentralbank erzeugt werden kann.

Privatgeld Alles Geld, das nicht vom Staat herausgegeben wird, wie z. B. Kryptowährungen. Unter privatem Geld versteht man auch Geld, welches man beispielsweise für einen Kredit benötigt, das jedoch nicht von einer Bank, sondern von Privatpersonen stammt (z. B. beim Fundraising). Dies kann über eine Agentur geschehen, die zwischen Kreditnehmer und Kreditgeber vermittelt.

Promille (‰) Maßeinheit, ein Tausendstel vom Ganzen, $1‰ = 0{,}001 = 10^{-3}$

Punze (Englisch. punch mark) Schlagstempel für Metall- und Lederbearbeitung sowie sein Abdruck im Material (z. B. Feingehaltstempel auf einer Münze)

Reservewährung Die Leitwährung, in der internationale Geschäfte durchgeführt werden. Sie besitzt eine hohe Wertstabilität und ist mit anderen Währungen konvertibel (umtauschbar), weswegen Staaten oder Zentralbanken in ihr Währungsreserven anlegen (z. B. US-Dollar, Schweizer Franken).

Revers (Rv.) Rückseite einer Münze oder Medaille

Scheidemünze Diente zum Ausgleich von kleinen Wertunterschieden beim Handeln, damit Käufer und Verkäufer einvernehmlich auseinandergehen konnten. Der Nominalwert wurde nicht durch den Metallwert gedeckt. Siehe Kurantmünze

schlechthaltiges Geld Der Nominalwert einer Münze ist höher als der tatsächliche Edelmetallwert (Gegenteil: guthaltiges Geld)

Schuldknechtschaft Abhängigkeitsverhältnis von zahlungsunfähigen Schuldnern und die damit einhergehende wirtschaftliche Ausbeutung. Gibt es in einigen Ländern bis heute!

Spekulationsblase Marktsituation, in der Waren (z. B. Rohstoffe) oder Wertpapiere zu immer höheren Preisen ver- und gekauft werden, weil es eine große Nachfrage gibt. Beginnt die Nachfrage zu sinken, endet diese Preisspirale. Möchten daraufhin immer mehr Marktteilnehmer verkaufen, kann ein rapider Preisverfall einsetzen und die Blase platzen.

Steuer Geldleistung an den Staat oder ein öffentlich-rechtliches Gemeinwesen als ein bestimmter Teil des Einkommens, um den allgemeinen Finanzbedarf eines Staates zu decken (direkte Steuern: direkt an den Staat z. B. Lohnsteuer; indirekte Steuern: im Preis von Waren inbegriffen wie z. B. Mehrwertsteuer)

Stückelung Aufteilung von Geld, Wertpapieren u. Ä. in Stücke von verschiedenem Nennwert

Terminbörse Eine Börse, bei der der Handel erst zu einem späteren Zeitpunkt zu den zuvor festgelegten Bedingungen erfüllt wird

Terminvertrag Private Vereinbarung zwischen Käufer und Verkäufer, einen Wertgegenstand (z. B. eine Währung) zu einem bestimmten Termin zu einem bestimmten Preis zu handeln

Tilgung Rückzahlung einer Schuld bzw. von Schulden

Token 1) (Englisch Wertmarke, Zählmarke) – Geldersatzmittel (z. B. aus Ton, Holz etc.), gegen eine Dienstleistung eintauschbar, heute beispielsweise Wertmarken bei Fahrgeschäften oder in Schwimmbädern
2) digitale Wertmarke, basiert auf einer bereits vorhandenen Blockchain. Kann sowohl als Zahlungsmittel als auch zur Buchhaltung genutzt werden, es gibt verschiedene Arten von Tokens.

Transaktion Übertragung von Waren, Wertpapieren oder auch Währungen zwischen Wirtschaftsteilnehmern, z. B. Überweisung von einem Konto auf ein anderes

Umschrift Schriftzug, der auf der Vorder- und/oder Rückseite am Rand einer Münze verläuft

Warenbörse Eine Börse, an der bestimmte Produkte wie Rohstoffe oder Nahrungsmittel gehandelt werden

Währung Innerhalb eines Staates oder eines Währungsraums (z. B. EWWU – Europäische Wirtschafts- und Währungsunion) gesetzlich gültiges Zahlungsmittel

Währungssystem Regelt die Grundlage für die Währung eines Landes oder eines Währungsraums. Das internationale Währungssystem dient dem problemlosen Waren-, Geld- und Dienstleistungsverkehr z. B. durch Wechselkursregelungen

Währungsunion Ein Zusammenschluss mehrerer Staaten zu einer Einheit. Innerhalb einer Währungsunion wird die gleiche Währung benutzt und eine gemeinsame Geldpolitik durchgesetzt, z. B. Europäische Wirtschafts- und Währungsunion (Währung: Euro).

Wechsel Ein Wertpapier, welches die Anweisung enthält, eine bestimmte Geldsumme innerhalb eines vorgegebenen Zeitraums zu bezahlen. Gilt als eine der ersten bargeldlosen Zahlungsmethoden in Europa.

Wertpapier Urkunde über Vermögensrechte, die an der Börse gehandelt werden (z. B. Aktien, Anleihen)

Wertpapierbörse Eine Börse, auf der mit Wertpapieren gehandelt wird

Wertspeicher Dinge wie z. B. Edelmetallbarren oder Goldschmuck, ihr Wert existiert auch noch zu einem späteren Zeitpunkt. Geld ist ein Wertspeicher, da seine Kaufkraft gespeichert wird. Es gibt bessere und schlechtere Wertspeicher, also Wertspeicher, deren Wert mit der Zeit steigt bzw. sinkt.

Windhandel Leerverkauf, d. h. der Verkauf von Wertpapieren, die sich nicht im Besitz des Verkäufers befinden

Zins Kreditkosten, Betrag für die Überlassung von fremdem Kapital, erhält man von der Bank für seine Geldanlagen oder muss ihn mit seinem Kredit zurückzahlen, wird in Prozent angegeben

BONUS

HUNDEZÄHNEMÜNZE

Auf den Schilling-Münzen (1938–1945) für das von Australien verwaltete Neuguinea war eine Kette aus Hundezähnen abgebildet – die begehrte Währung der Einheimischen. Damit sollte der Wert des neuen Geldes verdeutlicht werden.

GAUNER-NICKEL

Als „dümmste US-Münze" oder „Gauner-Nickel" wird eine 5-Cent-Münze von 1883 bezeichnet. Die Münze war nicht nur genauso groß wie die damalige goldene 5-Dollar-Münze, sondern hatte auch den Kopf der Libertas als Prägung und trug die römische Zahl „V". Schon bald tauchten Tausende vergoldete Nickel-Münzen auf und bereiteten der Obrigkeit Kopfschmerzen. Auf späteren Ausgaben der Münze wurde das Wort „cents" hinzugefügt, um die Verwechslung mit 5 Dollar auszuschließen.

FANTASIE-BRÜCKEN

Auf den Euro-Banknoten sind als Symbole der Verbindung zwischen den Nationen Brücken dargestellt. Diese Brücken sind reine Fantasie, damit sich kein Land benachteiligt fühlt. Doch seit 2013 kann man all diese Brücken tatsächlich betreten: In der niederländischen Stadt Spijkenisse wurden sie nach einem Entwurf des Designers Robin Stam als Miniaturausgabe über Kanäle gebaut. Sogar ihre Farbe entspricht der der Banknoten.

DOLLAR-SCHNIPSEL-KUNST

Der US-amerikanische Künstler Mark Wagner zerschneidet Tausende Dollar im Jahr, um Kunstwerke daraus zu machen. Seine lustigen Collagen aus Geldscheinen thematisieren oft Ernsthaftes wie die Natur des Geldes und des Reichtums und die amerikanische Identität. In einigen Ländern ist die Zerstörung von Banknoten eine Straftat, die verfolgt wird. Wer z. B. das Porträt des thailändischen Königs auf einem Geldschein beschädigt, kann wegen Majestätsbeleidigung im Gefängnis landen!

BART-KOPEKE

Nach einer Westeuropareise wollte Peter der Große Russland modernisieren und befahl 1698 seinen bärtigen Untertanen, sich nach dem westeuropäischen Brauch zu rasieren. Das verursachte Unruhen und Proteste, weil bei den orthodoxen Christen die Rasur als Sünde galt. Daraufhin hat der Zar eine Bartsteuer eingeführt, mit der man seinen Bart freikaufen konnte. Als Zahlungsbeleg bekam der Bartträger ein kleines Kupfertoken mit Bartmotiv, eine „Bart-Kopeke". Später nutzte man diese Tokens gelegentlich auch als Kleingeld.

DRECKIGES GELD

Banknoten wechseln oft ihren Besitzer und werden dabei von allerlei Mikroorganismen besiedelt, darunter auch Krankheitserreger: Viren, Bakterien, Pilze und parasitäre Würmer. Auf brasilianischen Rials wurden z. B. Vertreter von über 3000 Gattungen gefunden. Am häufigsten nachgewiesen wurden die Erreger von Magen-Darm-Infektionen, Bronchitis, Mittelohr-, Lungen- und Hornhautentzündungen, Wundinfektionen und Akne.

ZWEIEINHALB EURO

Als Belgien 2015 zum 200. Jahrestag der Waterloo-Schlacht eine Zweieuromünze herausbringen wollte, war Frankreich sehr beleidigt und legte ein Veto ein. Der französische Nationalheld Napoleon hatte in Waterloo die entscheidende Niederlage erlitten. Da jedoch jedes Euro-Land über Sammlermünzen allein entscheiden darf, widmeten die Belgier der Waterloo-Schlacht einfach eine 2,5-€-Münze (kein offizielles Zahlungsmittel).

DIE ÄLTESTE MÜNZE IN UMLAUF

Das Schweizer 10-Rappen-Stück, auch Zehnräppler genannt, hat sich seit 1879 weder im Design noch in der Legierung (Kupfernickel) verändert. Damit ist es die älteste noch gültige Kursmünze.

DER GRÖSSTE GOLDQUATSCH DER WELT

Sondermünzen in Übergröße sind eigentlich keine Münzen, sondern Medaillen oder dergleichen. Sie werden vor allem als Anlageobjekte hergestellt – und um damit anzugeben. „Wir haben die größten Goldmünzen der Welt", prahlte Kanada 2007, nachdem die Royal Canadian Mint sechs Münzen zu je 100 Kilo purem Gold geprägt hatte. 2017 haben Jugendliche aus Neukölln eine solche „Big Maple Leaf" aus einem Museum geklaut. Die Diebe wurden gefasst, aber von der Münze fehlt jede Spur. 2012 haben die Australier aus einer Tonne Gold die bis heute größte Goldmünze der Welt geprägt, den „Australian Kangaroo". Nach Berlin sollten sie damit besser nicht kommen ...

Außerdem von Vitali Konstantinov im Gerstenberg Verlag lieferbar

72 Seiten
ISBN 978-3-8369-5943-8

Ritzmuster auf Steinen, Muscheln und Knochen, Sandzeichnungen oder Botschaften auf Birkenrinde: Bereits unsere Vorfahren hatten das Bedürfnis, sich mit einfachen oder auch komplizierteren Zeichen mitzuteilen. Und wir tun es ihnen bis heute nach! Ob mit Griffel, Füllfeder oder Smartphone – überall auf der Welt senden wir uns täglich Tausende von Nachrichten und halten unsere Gedanken schriftlich fest.
Doch wie ist es zu dieser Fülle von Schriftzeichen gekommen? „Es steht geschrieben" folgt augenzwinkernd der Entstehung von weit über 100 Schriften in aller Welt von den Anfängen bis in unser Computerzeitalter: von der Keilschrift über altägyptische Hieroglyphen bis hin zu Emojis und Kunstschriften wie Klingonisch.

Mit dem Dreisprung „Sprechen - Zeichnen - Schreiben" starten die 72 prall gefüllten, überbordenden Seiten dieses außergewöhnlichen Comic-Sachbuchs. Es stürzt sich kopfüber hinein ins Abenteuer „Schrift" und alles, was die Welt seit 5.500 Jahren dazu notiert und artikuliert hat. Ein bizarres grafisches Buchwunder. Eine wahre Fundgrube, dieses Informations-Potpourri.

Deutscher Jugendliteraturpreis/Nominierung, Jurybegründung

Das vielleicht überraschendste Jugendbuch des Jahres ist zugleich ein hochnotwendiges Sammelsurium für eine Generation, die vorwiegend auf Tastatur und Touchscreen unterwegs ist.

Neue Zürcher Zeitung am Sonntag

ÜBER DEN AUTOR

Vitali Konstantinov wurde 1963 in der Sowjetunion geboren, im Sinne des Kommunismus erzogen und ausgebildet, zusammen mit der Heimat in den wilden Raubtierkapitalismus der Perestrojka geworfen, hat am eigenen Leib erfahren, was Währungsreformen und Hyperinflationen bedeuten, lebt seit 1996 in der sozialorientierten Marktwirtschaft des Bundeskapitalismus und arbeitet als freier Illustrator, Comiczeichner und Buchautor. Seine Bücher sind in 40 Ländern veröffentlicht und mit zahlreichen Preisen ausgezeichnet worden. Zuletzt wurde sein Comic-Sachbuch „Es steht geschrieben: Von der Keilschrift zum Emoji" für den Deutschen Jugendliteraturpreis nominiert.

www.vitali-konstantinov.de
www.instagram.com/vitali_konstantinov

DANKSAGUNGEN

Der Autor dankt Dagmar Schemske für die Projektbetreuung und ihre große Geduld, Lena Anlauf für die Unterstützung der Arbeit an dem Projekt und für die präzise Typografie, Dr. Sebastian Steinbach und Dr. Arne Jockusch für die Fachexpertise und wichtigen Ratschläge sowie dem ganzen Gerstenberg-Team!

Der Gerstenberg Verlag dankt Dr. Sebastian Steinbach und Dr. Arne Jockusch sehr herzlich für die fachliche Durchsicht des Buches.

1. Auflage 2022

www.vitali-konstantinov.de
Vermittelt durch die Agentur Susanne Koppe, Hamburg
www.auserlesen-ausgezeichnet.de

Fachliche Durchsicht:
Priv. Doz. Dr. Sebastian Steinbach, Wirtschaftshistoriker und Numismatiker, Osnabrück
Dr. Arne Jockusch, CFA, Kapitalmarktexperte und Vermögensverwalter, Hildesheim

Satz: Vitali Konstantinov und Lena Anlauf, Marburg
Schriften: Neucha, Jovanny Lemonad, Sankt Petersburg
pencilPete, JOEBOB Graphics, 's-Hertogenbosch
Titelschriften: Ingeborg Striped, Michael Hochleitner, Wien
Brim Narrow Combined, Jamie Clarke, Bristol
Litho: Schwab Scantechnik, Göttingen
Druck: Livonia Print, Riga
Printed in Latvia

www.gerstenberg-verlag.de

ISBN 978-3-8369-6082-3